U0657877

"十三五"职业教育系列教材

城市轨道交通车辆检修工艺及安全管理

主编　管春玲　邱晓欢
参编　王新周　华彩虹　陈　群
主审　高　伟

中国电力出版社
CHINA ELECTRIC POWER PRESS

内 容 提 要

本书为“十三五”职业教育系列教材。全书共分为四个项目，主要内容包括城市轨道交通车辆运用及检修管理、城市轨道交通车辆机械部件检修、城市轨道交通车辆电气部件检修、车辆检修安全管理及车辆检修作业任务单。本书言简意赅，重点突出，理论联系实际，突出岗位技能需求，每个项目后均配有适当的练习题，具有很强的实用性。

本书可作为高职高专院校城市轨道交通类院校的教材，也可作为城市轨道交通相关培训用书，还可供工程技术人员参考。

图书在版编目（CIP）数据

城市轨道交通车辆检修工艺及安全管理/管春玲，邱晓欢主编．—北京：中国电力出版社，2017.6（2025.8重印）

“十三五”职业教育规划教材

ISBN 978-7-5198-0658-3

Ⅰ.①城…　Ⅱ.①管…　②邱…　Ⅲ.①城市铁路—铁路车辆—车辆检修—职业教育—教材　Ⅳ.①U279.3

中国版本图书馆CIP数据核字（2017）第070734号

出版发行：中国电力出版社

地　　址：北京市东城区北京站西街19号（邮政编码100005）

网　　址：http：//www.cepp.sgcc.com.cn

责任编辑：霍文婵（010－63412545）

责任校对：朱丽芳

装帧设计：王英磊　张　娟

责任印制：吴　迪

印　　刷：北京锦鸿盛世印刷科技有限公司

版　　次：2017年6月第一版

印　　次：2025年8月北京第三次印刷

开　　本：787毫米×1092毫米　16开本

印　　张：9.25

字　　数：223千字

定　　价：30.00元

版 权 专 有　　侵 权 必 究

本书如有印装质量问题，我社营销中心负责退换

扫一扫

本书拓展资源

前 言

据统计，到2016年末，我国城市轨道交通运营线路累计达4153km。坐落于珠三角地区的广州和深圳地铁运营里程已分别超过300km和280km，分别位居全国第三和第四。

随着地铁的迅猛发展，地铁公司对车辆检修与维护人员的需求也越来越大。为满足地铁快速发展、急需培养一大批能够从事车辆检修与维护的技能型人才的需求，编者在参考国内各城市轨道交通车辆检修工艺的基础上，组织编写了本书。

本书以城市轨道交通车辆实际检修制度、检修项目为引领，以真实工作情境、生产任务及检修工艺流程为基础进行编写，不仅将本专业的前导课程，如钳工/电工基础、车辆构造，电器、制动、电力电子等串联，融合成了一个完整的知识体系，而且通过项目化的内容编排，将本专业的基本知识、基本技能要求融入了完整的工作过程中，实现了岗位需求的知识与技能、理论与实践的统一，有助于避免人为地割裂知识、实现一体化教学。

本书内容丰富，涉及车辆检修制度、检修规程、检修工艺、检修流程、计量工器具等方面的知识，编写详细、突出岗位技能需求，每个项目后均配有适当的练习供学习者使用，适合在校及在岗工人培训使用。

附录车辆检修作业任务单是结合企业检修作业指导书及学校教学要求改编的任务单，重点培养学生对车辆进行检查、检修、试验的基本操作技能，工艺流程意识及安全生产意识，为培养一批技术过硬、技艺精湛的车辆检修与维护的技能型人才打下坚实基础。

安全是轨道交通企业永恒的主题，为树立学习者的安全生产意识，本书专门针对车上作业、机械作业、电气作业及化学作业存在的安全隐患及风险进行阐述，旨在引导从事地铁检修的工作人员充分认识到只有遵守各项检修规定，牢固树立安全意识，才能延长车辆的使用寿命，降低运营成本，消除安全隐患，提高效益，确保地铁车辆运营的安全性。

为学习贯彻落实党的二十大精神，本书根据《党的二十大报告学习辅导百问》《二十大党章修正案学习问答》，在数字资源中设置了“二十大报告及党章修正案学习辅导”栏目，以方便师生学习。

本书由广州铁路职业技术学院管春玲、邱晓欢主编，广州地铁集团有限公司高伟主审。编写分工为：广州地铁集团有限公司王新周（项目一），广州铁路职业技术学院华彩虹（项目二），管春玲（项目三任务一至四），邱晓欢（项目三任务五），陈群（项目四）。

本书在编写过程中得到广州地铁、深圳地铁、东莞地铁等企业工程师们及广州铁路职业技术学院张秀平老师的热情支持与帮助，在此表示衷心感谢！

由于我国城市轨道交通车辆技术日新月异，书中的图片、技术资料和技术数据与实际情况难免存在差异，仅供参考。限于编者水平，书中难免有不妥之处，敬请读者多提宝贵意见，给予批评指正。

编 者

2017年3月

目 录

项目一

城市轨道交通车辆运用及检修管理

城市轨道交通车辆是城市轨道交通系统的重要组成部分，为了保证城市轨道交通车辆的维修质量，从而最终确保列车安全、准点的运营，必须建立与车辆技术状态、企业生产水平相适应的软硬件设施。

本项目主要介绍了保证城市轨道交通车辆检修质量的软件——城市轨道交通车辆检修制度与修程，以及硬件基础——车辆检修基地与车辆检修设备。通过检修制度、检修修程、检修基地以及检修设备四个任务的介绍（表 1-1），帮助学生建立城市轨道交通车辆运用及检修管理的基本概念，从而为后续各章节的学习打下基础。

表 1-1　学习任务及目标

学习任务	学习目标		
	知识目标	能力目标	素养目标
任务一　城市轨道交通车辆检修制度	城市轨道交通车辆维修理论； 城市轨道交通车辆检修制度； 各地铁公司的检修制度	能描述车辆维修理论的发展历史； 能描述各地铁公司具体采用的检修制度	树立企业生产组织全局意识； 严格遵守城市轨道交通车辆各种检修制度； 培养爱护设备的意识及爱岗敬业的精神； 服从企业生产指挥调度，具有严格执行检修工艺流程、检修工艺要求的工作态度和行为规范； 培养解决生产实际问题的能力
任务二　城市轨道交通车辆检修修程	掌握城轨车辆各个修程，如日检、双周检、月检、定修、架修、大修等各个检修周期内的检修内容	能准确描述日检、双周检等各检修周期内的检修内容及工时； 能根据具体检修设备描述不同检修周期内的检修内容	
任务三　城市轨道交通车辆检修基地	了解城市轨道交通车辆检修的功能、分类； 了解检修场地的主要线路的设置； 了解检修基地的规模及运作管理	能根据总图描述检修基地总体布置情况及各部分的功能； 能描述运用、检修库线、试车线、洗车线、镟轮线、静调线、出入段线等车场线的功能	
任务四　城市轨道交通车辆检修设备	熟悉城市轨道交通车辆检修设备的种类及配置原则； 了解城轨车辆架修、大修、定修及以下的设备配置； 了解城市轨道交通车辆检修有哪些主要设备	能列举出城轨车辆架修、大修、定修及以下常用的设备配置； 能描述列车自动清洗机、不落轮镟床、公铁两用车、架车机等设备的操作方法	

任务一　城市轨道交通车辆检修制度

一、任务描述

城市轨道交通车辆检修制度是车辆安全、可靠运行的基本保证，也是确定城市轨道交通车辆的检修修程以保证车辆检修工作顺利进行的基础。城市轨道交通车辆检修制度对车辆修程的类型和等级、实施修程的车辆运行公里数或时间、完成修程的车辆停运时间做出具体规定。随着科学技术的发展，检测技术水平及相关设备维修理论的进步，不断推动着车辆检修制度向前发展，车辆检修制度呈现多种多样的形式，朝着降低维修停运时间，降低维修成本的方向不断发展。

计划预防修是目前国内城市轨道交通车辆采取的主流检修模式，具有计划性强、易组织落实等优点。以可靠性为中心的维修以其扣修时间短、经济效益显著等优点陆续被各个装备维修行业采用，是城市轨道交通车辆检修制度的发展方向。

二、相关知识

（一）设备维修理论发展的不同阶段

一定的检修制度是在其相应的维修理论的指导下制定的。维修理论随着维修实践的发展经历了三个阶段，分别是事后维修阶段、以磨损理论为基础的计划预防维修阶段和以可靠性为中心的维修阶段。这三个阶段相互交叉，紧密联系。

1. 第一阶段：事后维修阶段

这个阶段大致从出现技术装备到20世纪40年代中期。此阶段，维修领域还没有建立系统的维修理论，只有一些相关的维修概念，因而维修只是一门技艺。当时的装备也比较简单，可以直接通过眼看、耳听、手摸等直观方法来发现、判断和排除故障。此阶段维修的特点是装备不坏不修，坏了再修。除了简单的日常清扫、润滑等维护工作以外很少进行系统的维修。

2. 第二阶段：以磨损理论为基础的计划预防维修阶段

这个阶段的时间从20世纪40年代到20世纪60年代中期。在此阶段中技术装备基本上属于机械装备，因此装备出现的故障一般为磨损类型的机械故障，装备的可靠性随着工作时间增加而下降。在掌握了磨损的规律后，为了预防故障的发生，有计划性地开展了一系列维修措施，逐渐形成了计划预防修的概念。计划预防修是按照时间计划对装备进行分解检查、更换翻修。传统计划预防修的主要特点有：磨损随着工作时间而加剧；装备可靠性与时间有关；装备的故障率变化遵循浴盆曲线规律；定期检查、按时保养、计划修理。计划预防修的关键在于确定装备及其主要零部件的检修周期，合理划分维修等级及维修周期结构，制定出维修规程和规范。这种维修与事后维修相比，在预防故障、减少停时、提高效益等方面有着较大的优越性，相继被各国采用，成为技术装备维修中占统治地位的手段。

3. 第三阶段：以可靠性为中心的维修阶段

从20世纪60年代开始，随着近代科学技术的飞速发展，高新技术迅猛发展，技术装备也越来越复杂，集机械化、电子化、控制和信息化于一体。在此阶段，技术装备的维修已广泛深入地推行“以可靠性为中心（RCM）”的维修制度。此外，近代科学理论的发展，可靠性工程，维修性工程、计算机技术、故障诊断技术、材料力学、技术经济学、概率和数理统计、工业管理等新兴学科的出现为新的维修理论的形成和发展奠定了基础，使维修理论成为了一门崭新的综合性学科，用来指导维修实践，以获得最佳维修经济效益，保证设备运用的可靠性和安全性。现代维修理论的主要支撑点有：可靠性工程与维修性工程；以可靠性为中心的维修理论；技术经济学的有关理论。目前国外先进的轨道交通运营商也都陆续开展实施了以可靠性为中心的维修制度，取得了良好的经济效益。

（二）城市轨道交通车辆的检修制度

1. 计划预防修

目前计划预防修仍是城市轨道交通车辆采取的主流检修制度，这种检修制度基本是参考乃至沿用传统干线铁路机车车辆的检修制度。它以整列车为对象，计划性、周期性地对整车进行不同程度的检修。制定计划的核心是必须掌握车辆零部件产生磨损及故障的规律。

城市轨道交通车辆计划预防修包括日常保养、检查以及定期检修。日常保养、检查是对车辆在运用中功能的检查、同时对易损零件和由于特殊情况造成的故障进行维修；定期检修是指车辆运用一定时间（或里程）对车辆的全部或部分部件进行一定程度的拆解检修。

计划预防修根据车辆技术条件规定了一整套预防出现临时故障的技术组织措施，因而能及时发现并消除隐患，防止设备的急剧磨损，延长零部件和整机的使用寿命。计划预防修能够根据列车零部件的磨损规律，为列车各系统规定修理周期和修理周期结构，制定各种修理定额，编制维修计划，强调修理前的准备工作，有利于按计划组织维修，保证修理质量，缩短设备修理的停歇时间。但因列车各系统零部件材质、制造方法等不完全相同，使用条件更是千差万别，却规定统一的修理周期和修理周期结构，往往会不完全符合各个系统的具体情况，极易出现过度维修的情况，不利于经济效益的提高。

2. 以可靠性为中心的维修

以可靠性为中心的维修（RCM）是目前国际上通用的、用以确定资产预防性维修需求、优化维修制度的一种系统工程方法。它的基本思路是：对系统进行功能与故障分析，明确系统内各故障的后果；用规范化的逻辑决断方法，确定出各故障后果的预防性对策；通过现场故障数据统计、专家评估、定量化建模等手段在保证安全性和完好性的前提下，以维修停机损失最小为目标优化系统的维修策略。

以可靠性为中心的维修突破了传统计划预防修强调的定期拆解维修，可以提高设备可靠性的观念，认为设备的可靠性与定期拆解检修无必然联系。可靠性为中心的维修理论认为为了确保设备的可靠性首先需将设备在分系统水平上进行划分，建立设备评级分析模型，对分系统的可用率影响重要度和安全性影响重要度进行评级，然后按 RCM 逻辑决断图确定维修项目和维修工作类型。

3. 其他维修模式

随着城轨车辆科技含量的不断提高，复杂程度与日俱增，同时检测技术与手段也突飞猛进，以机械磨损理论为指导的计划预防修制度逐渐不再适应，呈现出过度维修，备用设备多，经济效益低等缺点，各个轨道交通企业通过不断摸索，陆续出现了系统修、均衡修、状态修等新的维修模式，取得了良好的经济效益。

（1）系统修。系统修仍属于预防修，其与计划预防修的主要区别在于系统修以系统为对象，将整车检修任务分解成若干个系统工作包。

（2）均衡修。均衡修是指将原来集中在某几个检修时间段内的检修任务分散到运用窗口期或者较低级别的修程中，使得整个检修工作分散而均衡，以平衡各级别修程的修车停库时间。特别是在大修中，为了减少大修的修车时间，通常经过换件的方式将部分部件的检修安排在运用过程中或者其他较低级别的修程中进行。

均衡修的优势非常明显：弥补了必须等待列车退出每日运营才能进行检修的缺陷，可将运能发挥到最大；使检修人员和检修设备的工作量更加平均、检修效率最大化。

(3) 状态修。状态修的指导理论是以可靠性为中心的预防检修制度，也称视情维修或诊断性维修。这种维修要根据连续定量分析和检测机件的某些技术参数、状态数据来决定维修时间和范围，适用于可监测地、缓慢渐进并对安全有重大影响的故障。其优点是按需施修，有利于充分发挥各零部件的工作能力，提高维修的准确性、有效性，使维修的工作量和人为差错减少。由于该维修方式对检测、分析及人员条件的要求较高，因此在推广使用中受到一定限制。

(4) 换件修。车辆的检修以直接更换零部件修理为主，车辆零部件不在各车辆段进行修理，而是集中修理，再通过物流的方式运送到各车辆段。这样在车辆段检修库内仅做一些检测和更换零部件的作业，可大大缩短检修的库停时间，提高检修效率。

三、任务实施

我国目前通常采用的检修修程、周期及停修时间是基于日常维修和定期检修相结合的检修制度即预防性计划修制度而确定的。《地铁设计规范》(GB 50157—2013) 也提出地铁车辆检修宜采用日常维修和定期检修相结合的检修制度，并对新建地铁工程的车辆检修修程和检修周期提出了规定，见表 1-2。

表 1-2　地铁设计规范规定的车辆检修修程和检修周期

类别	检修修程	日常维修和定期检修周期指标		检修时间 (d)
		走行公里制 (万 km)	时间间隔	
定期检修	大修	120	10年	35
	架修	60	5年	20
	定修	15	1.25年	7
日常维修	三月检	3	3月	2
	双周检	0.5	0.5月	0.5
	列检	—	每天或两天	

同时《地铁设计规范》(GB 50157—2013) 也提出，车辆日常维修和定期检修的修程和周期应根据车辆技术条件、车辆的质量和既有车辆基地的检修来制定。因此，实际不同的城轨交通运营企业，以及同一运营企业不同运行线路车辆的检修修程和周期都是不同的。

(一) 上海地铁车辆检修制度

上海地铁车辆检修采取的是计划预防修，检修制度见表 1-3。其日常检修包含日检、周检、双月检等。检修周期同时采取时间制和走行公里制，哪个先到即执行扣修。

表 1-3　上海地铁检修制度表

修　程	检　修　周　期		扣修时间
	时间制	走行公里制 (万 km)	
日检	每日	—	每日回库停运时间 (d)
双周检	2周	0.4	0.5
双月检	2月	2	2
年检	1年	10	8
架修	5年	50	19
大修	10年	100	34

（二）广州地铁车辆检修制度

广州地铁三号线列车目前采取的也是计划预防修，检修制度见表 1-4。由检修车间执行日常检修工作（包含日检、月检、半年检、年检、两年检等），由专门的大修车间执行架修和大修工作，架、大修周期同样也采取时间制和走行公里制，哪个制度先到标准即先执行。

表 1-4　　广州地铁 3 号线检修制度表

修　程	检修周期		扣修时间
	时间制	走行公里制（万 km）	
日检	每日	—	每日回库停运时间（d）
月检	1 月	1.5	1
半年检	6 个月	9	2
年检	12 个月	18	5
两年检	24 个月	36	5
架修	5 年	60	15
大修	10 年	120	45

（三）香港地铁检修制度

香港地铁采取均衡修的检修模式，利用列车运行停运窗口时间将其检查内容分散在几个时段及不同场合进行。香港地铁马鞍山线和迪斯尼线四节编组的列车采取将车辆的检修分为 A、B、C 三个等级的修程，其检修制度见表 1-5。

表 1-5　　香港地铁检修制度表

检修间隔	拖车 1 号	动车 1 号	动车 2 号	拖车 2 号
15d	B（1）	A（1）	A（1）	B（1）
30d	A（1）	B（1）	A（2）	A（1）
45d	A（2）	A（2）	B（1）	A（2）
…	…	…	…	…
1 年	C（1）	C（1）	B（8）	B（8）
1 年 15d	B（8）	B（8）	C（1）	C（1）

注　A 为均衡修日修；B 为均衡修月修；C 为均衡修年修。括号内数字表示一个检修周期内检修次数。

香港地铁车辆检修制度以 45d 为一个周期，编组无论是动车还是拖车，在一个检修周期内都进行了 2 次日检和 1 次月检，在第一年和第一年零 15d 时对车辆进行了大修。而按照上海地铁和广州地铁的检修制度，在 45d 内则需进行 45 个日检和 1～2 次的月检。

任务二　城市轨道交通车辆检修修程

一、任务描述

设备维护单位根据设备的构造特点、运用条件、实际技术状态和一定时期的生产技术条件水平规定的设备检修周期，以及在某个周期内检修内容的标准称之为检修规程。检修规程是检修制度的具体体现和细化，修程则对应的是某个检修周期内的检修内容。通过对城市轨道交通车辆检修修程的学习，可以掌握列车不同检修周期内的检修工作内容。

二、相关知识

采取计划预防修模式的城轨车辆，其检修分为日常维修和定期检修，日常维修修程包括日检、双周检、月检；定期维修是按时间或走行公里数进行的各级修程，定期维修修程一般分为定修、架修、大修。

采取计划预防修的城轨车辆的各个修程的主要内容见表 1-6。

表 1-6　　城轨车辆各个修程的主要内容

检修修程	主 要 检 修 内 容
日检	城市轨道交通的运营时间一般为 5：00～24：00，每日车辆结束运营入库停在停车线时，利用非运营的天窗时间对车辆进行检查。日检的范围主要是从外部对受流器、控制装置、各种电气装置、转向架、制动装置、车钩缓冲装置、铰接装置、空调、车门、车体、车灯、蓄电池箱等与行车安全、服务质量有关的部件和装置进行外观检查；处理司机报活，保证次日列车能够正常上线运行。日检工时一般为 45 分钟/2 人
双周检	对主要部件做外观检查，主要检查蓄电池、受电弓、轮对、制动装置等。双周检检修工时一般为 1 天，因此需要对列车进行扣修
月检	对车辆进行全面、细致检查，并且要对接近到限的易损易耗件进行更换，对牵引辅助设备进行清洁，对受流器、牵引电机、控制装置，各种电气装置、转向架、制动装置、车钩缓冲装置、空调、车门、车体、车灯、蓄电池箱等主要部件的技术状态和功能进行检查、保养和必要的试验。月检工时一般需两天，由于在运营时间进行检修，需扣修两天；对危及行车安全的故障进行全面修理
定修	对车辆进行全面维修。对主要零部件技术状态进行检查，对技术状态不良的零部件要进行更换或维修，消除所发现的故障，对电气部件的技术整定值进行检测和调整。在检修完成后要对车辆进行静态调试和试车线动态各项功能测试
架修	卸下受流器、牵引电机、控制装置，各种电器装置、转向架、传动装置、轮对、轴承、制动装置、车钩缓冲装置、空调、车门、蓄电池等部件，对其进行分解、检查和修理，并进行必要的试验；对计量仪器仪表进行校验；对车体及其余部件的技术状态和功能做相应的检查和修理，车体油漆标记，修竣车的静调和试车
大修	架车，车辆解体，对转向架构架和车体进行整形，对所有部件进行分解、检查和修理，完全恢复其性能；重新油漆标记，修竣车的静调和试车

由表 1-6 可以看出从日检到大修对列车的检查和修理是不断深入的过程，这是为了适应列车寿命周期内各个阶段的不同状态，几个修程互为补充与递进，以使列车满足运营需求而又达到一定经济效益的计划检修。日常检修（日检、月检）侧重于外观和功能的检查，对临时发生的故障进行快速的处理（更换零部件），其中日检侧重于外观检查，月检侧重于功能的检查并且进行一定的保养内容（如更换或补充润滑油）；定期维修（定修、架修、大修）侧重于拆解修理，并且对相关部件的技术整定值进行检测和调整以使部件或整车恢复应有的功能或性能，其中架修是通过各个系统或部件的拆解检修，恢复系统或部件的功能，大修则是对整车的拆解检修使车辆恢复整体应有的性能。

三、任务实施

下面以受电弓为例，对比介绍某电客车公司 TSG18G 型受电弓各级修程的检修内容。受电弓的三维图及各组成部分如图 1-1、图 1-2 所示。

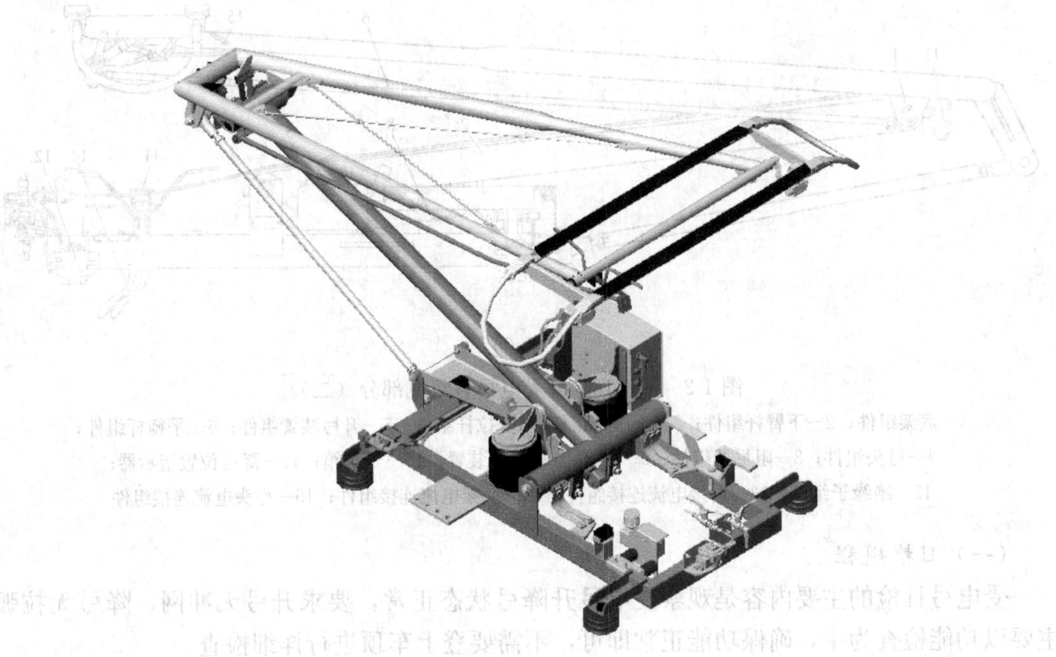

图 1-1　TSG18G 型受电弓

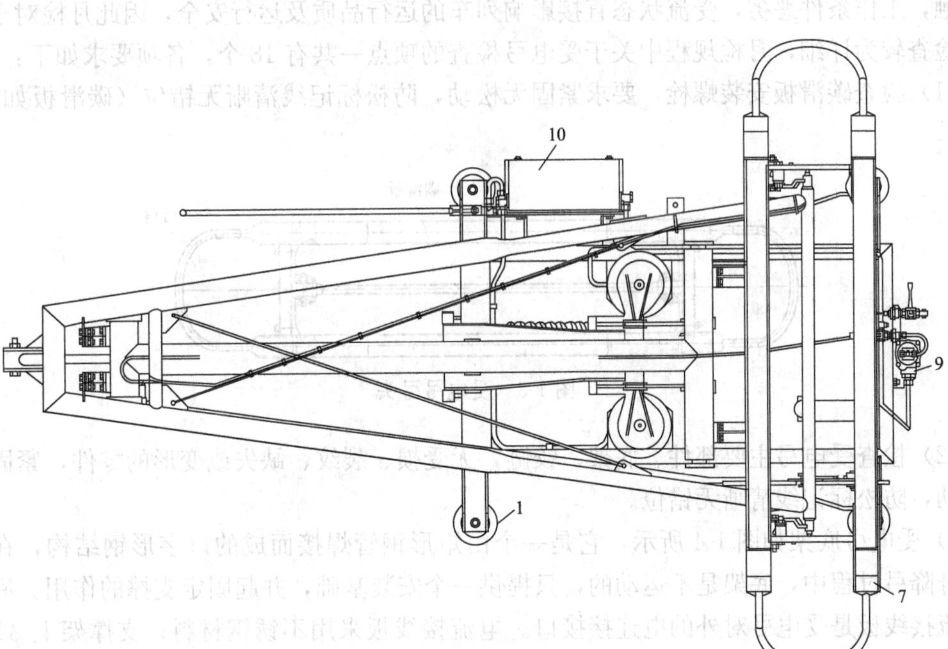

(a)

图 1-2　TSG18G 型受电弓各组成部分（一）

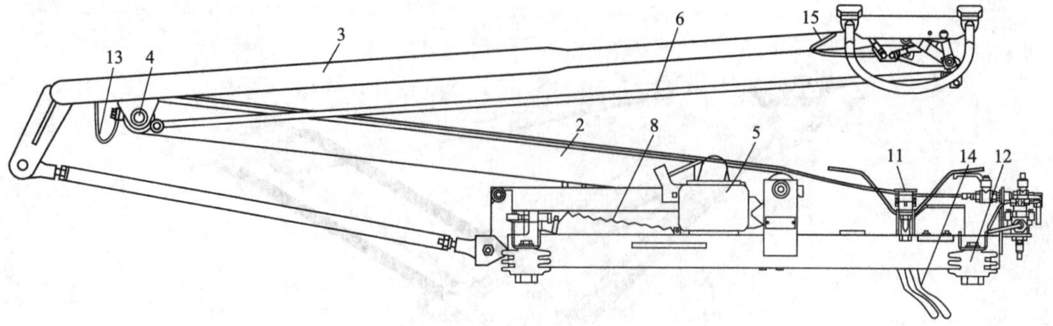

(b)

图 1-2　TSG18G 型受电弓各组成部分（二）

1—底架组件；2—下臂杆组件；3—上框架组件；4—拉杆组件；5—升弓装置组件；6—平衡杆组件；7—弓头组件；8—阻尼器组件；9—ADD 自动降弓装置；10—气阀箱；11—降弓位置指示器；12—绝缘子组件；13—肘接电流连接组件；14—底架电流连接组件；15—弓头电流连接组件

（一）日检规程

受电弓日检的主要内容是观察受电弓升降弓状态正常，要求升弓无冲网，降弓无拉弧。主要以功能检查为主，确保功能正常即可，不需要登上车顶进行详细检查。

（二）月检规程

受电弓是列车电气牵引系统的重要组成部分，布置于车顶，随着列车的运行与接触网动态接触，工作条件恶劣，受流状态直接影响列车的运行品质及运行安全，因此月检对于受电弓的检查较为详细，月检规程中关于受电弓检查的项点一共有 18 个，各项要求如下：

(1) 检查碳滑板安装螺栓，要求紧固无松动，防松标记线清晰无错位（碳滑板如图 1-3 所示）。

图 1-3　受电弓弓头

(2) 检查受电弓主要部件、底架、铰链，无受损、裂纹、缺失或变形的零件，紧固螺栓无松动，防松标记线清晰无错位。

1) 受电弓底架如图 1-4 所示，它是一个由矩形钢管焊接而成的口字形钢结构，在受电弓的升降弓过程中，底架是不运动的，只提供一个安装基础，并起固定支撑的作用。底架上的电流接线板是受电弓对外的电连接接口。电流接线板采用不锈钢材料；支撑架上 ϕ18mm 的通孔用于安装支持绝缘子的安装螺钉 M16×35；支撑板上安装有受电弓对外的气路接口，支撑板采用不锈钢材料。

2) 铰链系统包括下臂杆组件、上框架组件和拉杆组件（图 1-2）。铰链系统与底架一起构成了受电弓的四杆机构，该四杆机构保证了上框架中顶管的运动轨迹呈一条近似铅垂的直线。

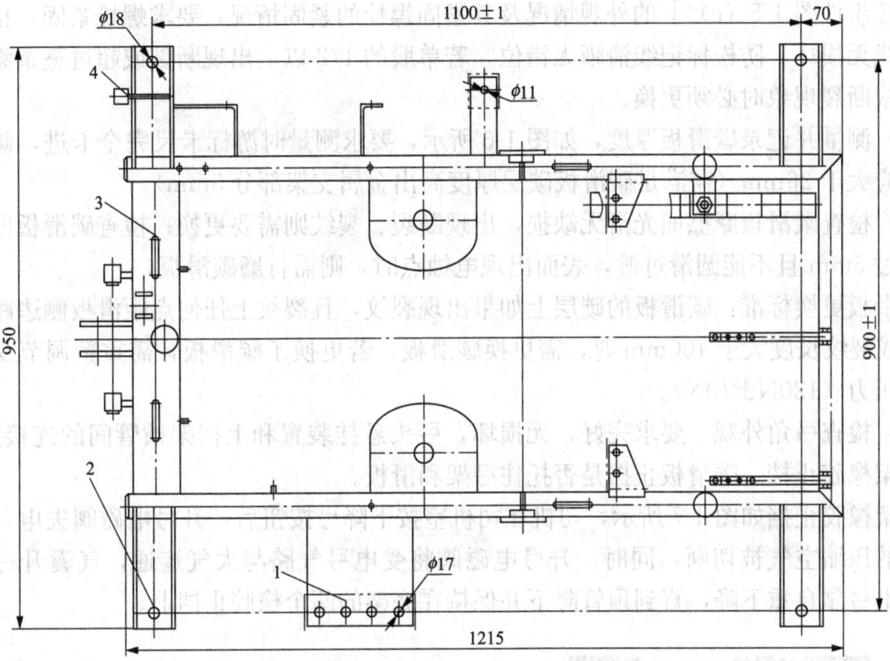

图 1-4　受电弓底架组件

1—电流接线板；2—支撑架；3—底架横梁；4—支撑板

(3) 检查导流线［弓头电流连接组件图 1-5 (a)、肘接电流连接组件图 1-5 (b)、底架

(a)　　(b)

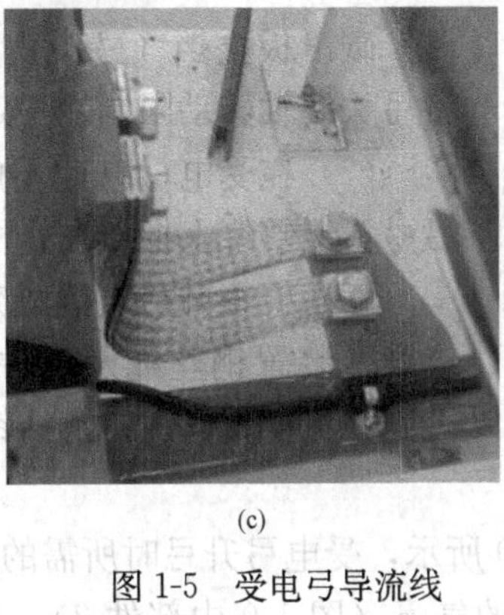

(c)

图 1-5　受电弓导流线

电流连接组件图 1-5（c）] 的外观情况及其紧固螺栓的紧固情况，要求螺栓紧固，接线头及连接导线无损坏，防松标记线清晰无错位，若单股的 1/2 以上出现断裂或超过整条编织线的 10％单根断裂现象时必须更换。

（4）测量并记录碳滑板厚度，如图 1-6 所示，要求测量时游标卡尺完全卡进，碳滑板整体厚度应大于 26mm（需满足碳滑板碳层厚度高出金属支架部分 5mm）。

（5）检查碳滑板摩擦面光滑无缺损，出现断裂、裂纹则需要更换；检查碳滑板凹槽，槽深度超过 5mm 且不能圆滑过渡，表面出现电蚀点时，则需打磨碳滑板。

碳滑板更换标准：碳滑板的碳层上如果出现裂纹，且裂纹上任何点距滑板侧边距离小于 10mm 或裂纹长度大于 100mm 时，需更换碳滑板。若更换了碳滑板，需重新调节受电弓静态接触压力（120N±10N）。

（6）检查弓角外观，要求完好，无损坏，弓头悬挂装置和上框架横管间的连接无松动。检查弓架橡胶止挡、碳滑板止挡是否托住弓架和滑板。

弓架橡胶止挡如图 1-7 所示，司机在司机室按下降弓按钮后，升弓电磁阀失电，向受电弓供应的压缩空气被切断，同时，升弓电磁阀将受电弓气路与大气连通，气囊升弓装置排气，受电弓靠自重下降，直到顶管降下并保持在底架的两个橡胶止挡上。

图 1-6　测量碳滑板厚度

图 1-7　弓架橡胶止挡

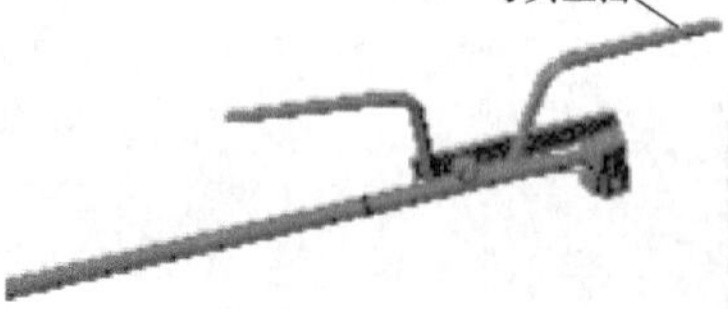

图 1-8　弓头止挡

碳滑板止挡（弓头止挡）如图 1-8 所示，其作用是将弓头绕轴转动限制在一定范围内，防止弓头的翻转。

（7）在受电弓升起不触碰接触网情况下，检查受电弓弓头能够绕上框架在止档杆限定范围内自由转动。

（8）检查升弓气囊外观，要求气囊无漏气现象，检查升弓装置钢丝绳及组件，要求钢丝绳无断股、散股，否则需更换钢丝绳；清洁钢丝绳并涂脂（凡士林润滑脂）目测升降弓平稳无异常。

受电弓升弓装置组件如图 1-9 所示，受电弓升弓时所需的升弓转矩及升起后与网线间的接触压力是由两个充满压缩空气的气囊（图 1-9 中部件 2）、与气囊连接并被拉伸的钢丝绳

（图 1-9 中部件 1）和紧固在下臂杆上的扇形调整板（图 1-9 中部件 3）产生。升弓气囊主要是装在底架上，通过钢丝绳与受电弓下臂杆连接在一起，给受电弓升降弓提供动力。升弓时气囊充气后膨胀，通过钢丝绳带动下臂杆转动，从而实现受电弓升弓运动。

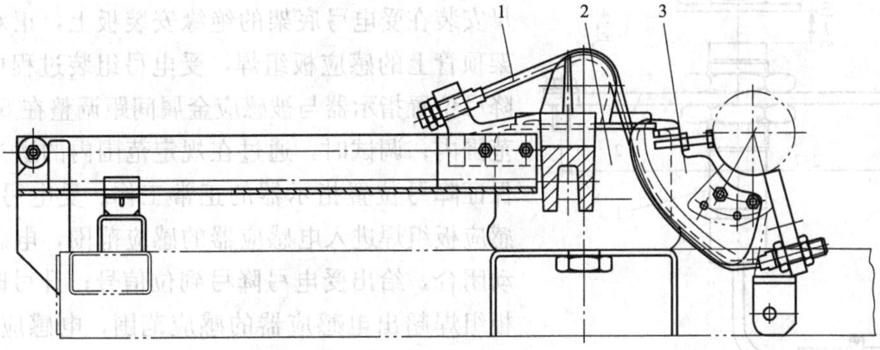

图 1-9　受电弓升弓装置组件

1—钢丝绳；2—气囊；3—扇形调整板

（9）检查截止阀手柄位置，应处于连通位置，如图 1-10 所示。

（10）清除绝缘子顶部碎屑及杂物并用清水、软布擦洗绝缘子，并检查绝缘子的外观无裂纹和缺损。

绝缘子如图 1-11 所示，采用硅橡胶材料，具有很高的绝缘等级及机械强度，通过一个 M16×35 螺栓及弹簧接触垫圈将其与受电弓底架连接，绝缘子有两个功能：第一，将带电的受电弓与相连接的车顶进行电隔离；第二，使受电弓同车顶进行机械连接。使用时，绝缘子应保持清洁，无裂纹或碰痕。安装时在绝缘子与受电弓之间采用球形垫圈进行调平受电弓安装面，从而保证受电弓安装在一个相对水平的平面上。

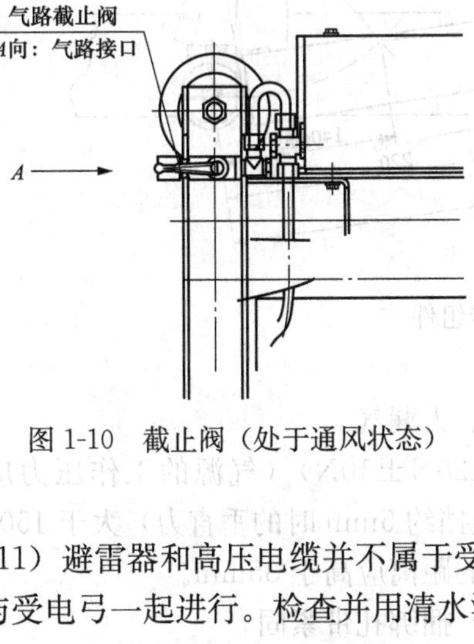

图 1-10　截止阀（处于通风状态）

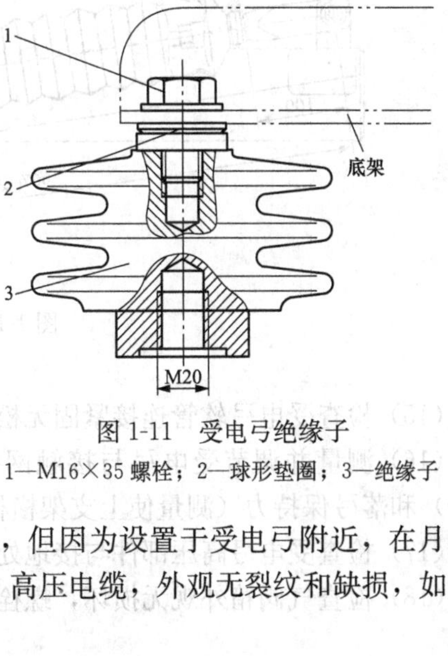

图 1-11　受电弓绝缘子

1—M16×35 螺栓；2—球形垫圈；3—绝缘子

（11）避雷器和高压电缆并不属于受电弓的组成，但因为设置于受电弓附近，在月检修程中与受电弓一起进行。检查并用清水清洁避雷器、高压电缆，外观无裂纹和缺损，如避雷器压力脱扣动作，更换避雷器。

（12）用酒精清洁受电弓位置传感器、感应板及线缆。受电弓位置传感器组件如图 1-12 所示，电感式降弓位置指示器的电感应器用两个自带非金属螺母安装在受电弓底架的绝缘安装板上，正对着上框架顶管上的感应板组焊，受电弓组装过程中，需将降弓位置指示器与被感应金属间距调整在 5～10mm 范围内；调试时，通过在规定范围内的适当调整来保证降弓位置指示器的正常工作。受电弓降弓时，感应板组焊进入电感应器的感应范围，电感应器自动闭合，给出受电弓降弓到位信号；升弓时，感应板组焊超出电感应器的感应范围，电感应器断开，给出升弓信号。

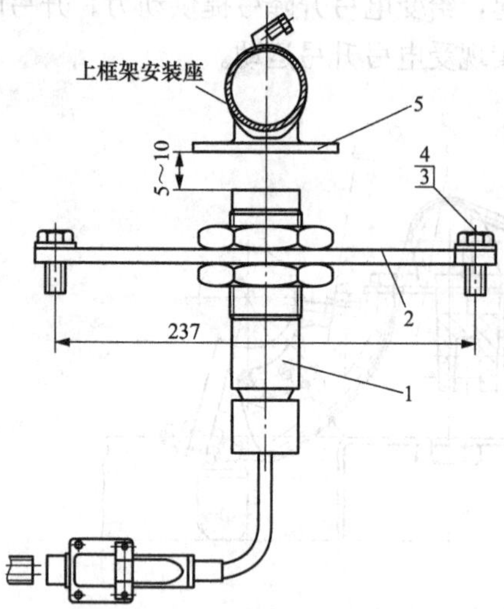

图 1-12　降弓位置传感器组件

1—电感式降弓位置指示器；2—绝缘安装板；3，4—自带非金属螺母；5—感应板

（13）调整传感器与感应板间隙，保持两平面平行，二者间距为 5～10mm。

（14）检查缓冲阻尼装置无异常、无泄露。

缓冲阻尼器如图 1-13 所示，受电弓阻尼器一头安装在底架上，另一头与受电弓下臂杆连接，在受电弓下降过程中起到缓冲作用，以避免受电弓降弓时对底架上的部件造成冲击损坏。阻尼器在受电弓出厂时已经设定好，不允许调整。

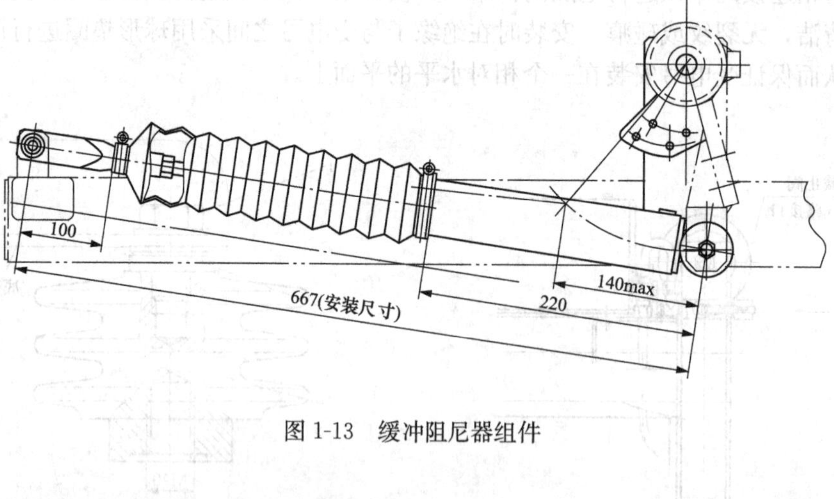

图 1-13　缓冲阻尼器组件

（15）检查受电弓软管连接紧固无松动、无松弛、无漏气。

（16）测量并调节受电弓与接触网接触压力（120N±10N）（气源的工作压力应大于 5Bar）和落弓保持力（测量使上支架横杆离开橡胶止挡约 5mm 时的垂直力）大于 150N。

（17）检查受电弓高压部件与接地处和车体之间的距离应高于 35mm。

（18）检查气阀箱外观无损坏，螺栓紧固无松动，捆绑扎带紧固。

受电弓气阀如图 1-14 所示，它由空气过滤器、单向节流阀、精密调压阀、安全阀等几部分组装而成。起到对压缩空气进行过滤和调节控制的作用。

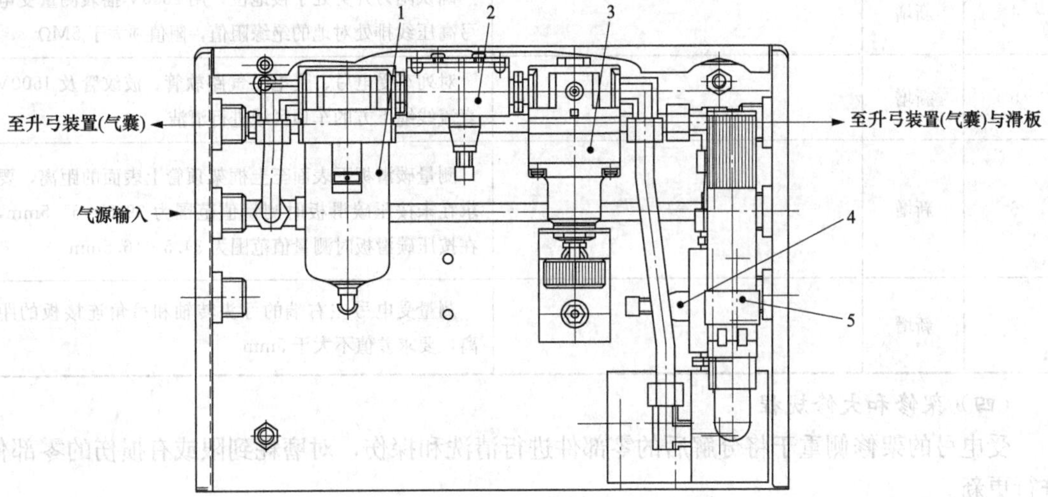

图 1-14　受电弓气阀箱

1—空气过滤器；2，4—单向节流阀；3—精密调节阀；5—安全阀

从受电弓月检修程可以看出，月检对于电动客车的部件尤其是关键部件的检查较为全面和细致，不仅要求对各零件的状态尤其是紧固件的紧固状态进行详细检查，而且要求对易耗件损耗和关键部件的安装尺寸进行测量，并制定了相应的更换和调整标准。

（三）年检规程

受电弓年检内容与月检内容大体一致。但在月检的基础上增加了接地电阻、气阀箱及其他安装尺寸等检查内容，并要求对整个安装座清洁，具体对比见表 1-7。

表 1-7　受电弓年检与月检对比

序号	类型	月　检	年　检
1	修改	检查受电弓主要部件、底架、铰链，无受损、裂纹、缺失或变形的零件，紧固螺栓无松动，防松标记线清晰无错位	检查受电弓主要部件、底架、铰链，无受损、裂纹、缺失或变形的零件，紧固螺栓无松动，防松标记线清晰无错位，并用酒精清洁整个安装座、上支架横杆及其连接电缆套管表面
2	修改	检查气阀箱外观无损坏，螺栓紧固无松动，捆绑扎带紧固	打开气阀箱，检查内部是否有积水或异物，阀体是否正常，检查完成后，重新紧固螺栓防松标记线并捆绑好扎带
3	新增	—	升起受电弓在升弓高度 500mm±50mm 处，检查止挡杆是否水平，按压碳滑板时测量止挡杆至碳滑板下表面的距离需大于 15mm

续表

序号	类型	月 检	年 检
4	新增	—	确认闸刀开关处于接地位，用 2500V 摇表测量受电弓高压线排处对地的绝缘阻值，阻值须大于 5MΩ
5	新增	—	对列车受电弓、受电弓气路软管、波纹管及 1500V 直流线缆下方的车顶区域进行清洁
6	新增	—	测量碳滑板下表面至上框架顶管上表面的距离，要求在未按压碳滑板时测量值范围为 39.5～51.5mm，在按压碳滑板时测量值范围为 34.5～46.5mm
7	新增	—	测量受电弓左右端的弓头转轴和弓角连接板的距离，要求差值不大于 5mm

（四）架修和大修规程

受电弓的架修侧重于将分解后的零部件进行清洗和探伤，对磨耗到限或有损伤的零部件进行更新。

大修还在分解检查的基础上对橡胶元器件、轴承、旋转头、O 型圈等绝大部分损耗件进行了更新，以更好地恢复受电弓的性能。受电弓架修和大修规程对比见表 1-8。

表 1-8　受电弓架修与大修规程要求

序　号	架修规程要求	大修规程要求
1	检查上臂、下臂、拉杆、平衡杆、底座、弓头等部件外观，要求无变形，漆面完整无剥落；探伤检查弓头羊角连接部位、托架连接组件、弓头连接组件及弓头所有焊缝、底架上所有构架连接焊缝及除编织导线安装座外的主要安装架焊缝、下臂所有焊缝及安装支架端部、上臂除编织电缆安装座外的所有焊缝及两臂中间连接部位及下导杆安装架、上导杆两端、下导杆两端及两端轴承座、气囊蝴蝶座	分解、检查上臂、下臂、连接杆、导杆、底座、弓头等部件，探伤检查弓头、上臂、下臂、底架、链条固定板安装座、下臂安装座、下导杆两端螺纹连接位置、平衡杆两端螺纹连接位置、降弓装置活塞连接杆、降弓装置活塞连接杆安装座上的主要受力焊缝、薄弱位置和已出现过裂纹位置，要求无变形、无裂纹、无破损，锈蚀处除锈、补漆
2	清洁、检查各轴承、拉杆接头，要求无损坏，润滑良好	更新、润滑各活动关节处滑动轴承、圆轴承、旋转头、O 型圈，要求润滑良好，安装正确
3	清洁、检查羊角，要求清洁度达到Ⅴ级，无异常磨损、无裂纹	更新止挡橡胶、杯状垫片，更新受电弓弓头与上臂之间、上臂与下臂之间，下臂与底架之间的编织电缆。清洁、检查受电弓编织电缆安装座安装面、编织电缆安装面，对接触不良的安装面进行打磨。安装编织电缆时在安装面均匀涂抹导电膏
4	清洁、检查受电弓的橡胶弹簧元件，要求安装后羊角与弓头不接触，清洁度达到Ⅳ级，无破损、无变形、无老化	更新升弓节流止回阀和降弓节流止回阀，要求安装正确、牢固

续表

序　号	架修规程要求	大修规程要求
5	目视检查升弓装置气囊，要求升弓过程中两个气囊上的蝴蝶座动作一致，高度相同无偏移，表面无破损	更新拉伸弹簧组件，包括拉伸弹簧、拉伸弹簧张力螺杆、滚子链，要求安装正确、牢固
6	清洁、检查升弓阀、降弓阀及其带阀连接风管，要求清洁度达到Ⅳ级，无裂纹、无破损，安装牢固可靠	更新弓头弹簧，检查弓头，要求无变形、无坏损，功能正常
7	清洁、检查降弓位置传感器、安装板、金属感应板，要求清洁度达到Ⅳ级，无松动，波纹管无破损；最低位置传感器与弓头金属感应板之间的距离为8mm±2mm	更新降弓风缸整件，要求活塞杆动作灵活，风缸功能良好，安装正确牢固
8	清洁、检查降弓橡胶止挡，要求清洁度达到Ⅴ级，橡胶无变形、无破损、无老化	拆卸受电弓绝缘子安装螺栓，拆卸绝缘子并清洁，检查受电弓绝缘子安装底座正面及背面，要求底座无腐蚀、无裂纹
9	清洁、检查高压电缆，要求清洁度达到Ⅳ级，电缆无损坏、无氧化	更新弓头高度高速橡胶弹簧元件
10	清洁、检查受电弓碳滑板，要求清洁度达到Ⅳ级，无裂纹、无破损；沟槽深度超过4mm且不能圆弧过渡，则须打磨碳滑板；测量碳滑板厚度小于10mm须更换；碳滑板出现裂纹、槽纹或刃部有冲击时须更换	清洁、检查高压电缆，要求清洁度达到Ⅳ级，电缆无损坏，无氧化
11	对受电弓各润滑接点进行润滑，要求动作正常	检查受电弓羊角，要求羊角无裂纹、无损伤；羊角与碳滑板安装面平整无突起，接触良好
12	—	对受电弓探伤检查后脱漆部位进行补漆，补漆要求刷两次底漆和一次面漆，并对油漆破损、脱落位置进行补漆，要求补漆部位表面光滑，涂层均匀

受电弓架修、大修结束均需进行测试，主要测试升弓装置的气密性、升弓高度、静态接触压力、升弓时间是否符合要求。

（五）城市轨道交通车辆的临修

临修是指正常的计划预防修修程以外的临时检修任务，主要包含以下几种情况：

(1) 在某次计划修程的规定时间内或正常检修力量配备下无法完成的检修任务。

(2) 超越某次修程规定检修内容的检修任务。

(3) 超越某次修程规定检修成本的检修任务。

(4) 正线运营列车非正常下线产生的临时检修任务。

城市轨道交通车辆临修的实施流程如图1-15所示。

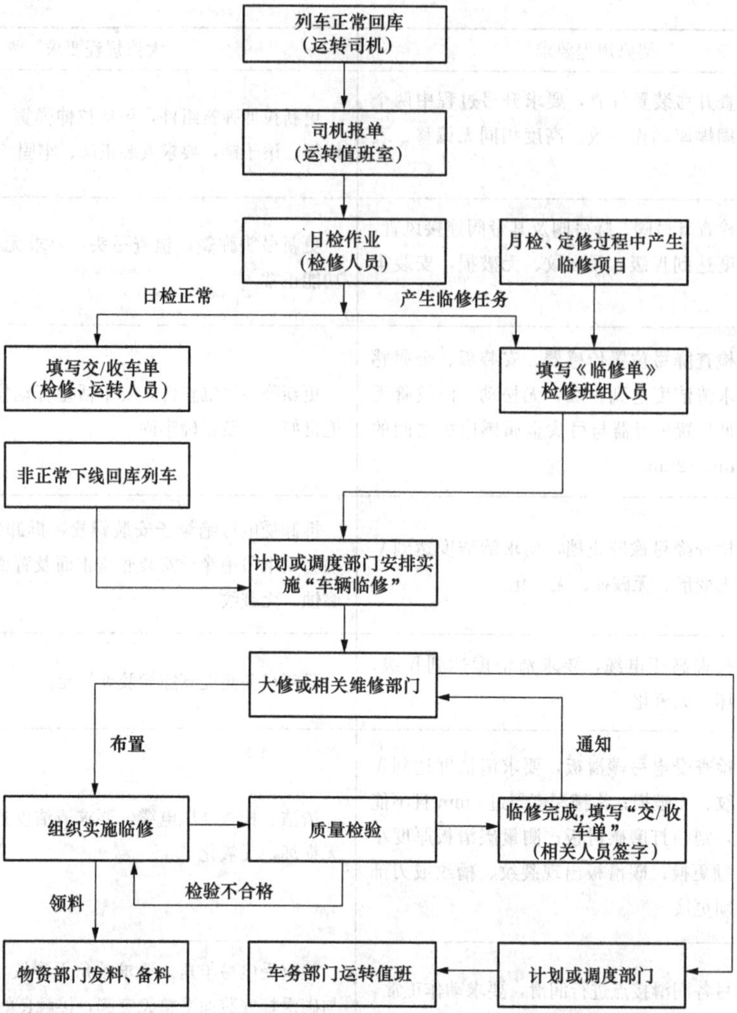

图 1-15　城市轨道交通车辆临修流程

任务三　城市轨道交通车辆检修基地

一、任务描述

城市轨道交通车辆检修基地是城市轨道交通车辆停放、检修及运用管理的场所，同时也是一条城市轨道交通线路的后勤基地。城市轨道交通车辆检修基地的运作水平直接关系到整条线路能否安全、有序的运行。通过对城市轨道交通车辆检修基地的认识，能够更好地了解城轨车辆的检修及运用管理。

二、相关知识

（一）城市轨道交通车辆检修基地的功能

城轨车辆检修基地［《地体设计规范》（GB 50157—2013）中又称车辆基地］，实际运营中一般称为车辆段或停车场，是城市轨道交通正常运营的重要基础。其主要功能如下：

1. 城市轨道交通车辆停放、检查、维修、保养和检修的专门场所

这是城轨车辆检修基地核心的功能，事实上检修基地的许多设施设备都是为实现车辆检修这个功能而设置的。

2. 城市轨道交通工程车停放、检查、维修、保养和检修的场所

城轨车辆检修基地内一般设置有工程车库和调机车库，作为工程车运用停放和检修保养的场所。

3. 综合维修的场所

除了车辆检修外，检修基地还具有对轨道交通其他专业设备的维修功能，例如车辆段设备、通信、信号、屏蔽门等专业设备。

4. 运营基层部门办公的场所

车辆检修基地内除了生产性厂房外，还设置有办公楼。一般而言，某条线的车辆检修基地就是该条线车辆检修车间或其上级管理部门的办公所在地。另外，该线路的其他专业的检修车间或其上级管理部门，例如通号、线路、乘务等也在车辆检修基地内办公，这些不同专业的不同管理部门一起在城轨车辆检修基地内办公。

5. 员工培训

一些车辆段还设置了培训中心，作为城市轨道交通各部门人员培训的场所。

6. 物资存储

检修基地内一般设置有物资总库作为城市轨道交通各专业设备检修所需物资统一存放、统一管理、发放领取的场所。

7. 员工办公生活的场所

城市轨道交通检修基地既是城市轨道交通的后勤基地，又是城市轨道交通运营人员开展设备检修的重要场所，也是城市轨道交通安全有序运营的重要保障。

（二）检修基地的分类

城轨车辆检修基地根据其承担车辆维保作业的范围可以分为车辆段和停车场。

1. 车辆段

车辆段除了具备停车场的功能外，还具有承担车辆定修及以上级别修程的能力。根据其作业范围又可分为定修段、大修段及架修段。车辆段在设计时一般考虑以下作业范围：

（1）列车管理和编组作业。

（2）列车停放、列检、双周/三月检及清扫洗涮、定期消毒等日常维修保养工作。

（3）段内配属列车的乘务作业。

（4）车辆的定修、架修和大修等定期检修及检修后的列车试验。

（5）车辆的临修。

（6）段内设备、机具的维修和调车机车、工程车等的整备及维修。

2. 停车场

停车场主要承担城轨车辆的停车及列检作业，必要时也可以承担双周检/三月检及临修作业，因此停车场的配套设施及规模较车辆段小许多。一般一条线路较长时会设置停车场辅助停车，该线路列车的主要检修作业还是在该线路的车辆段完成。停车场在设计时一般考虑以下作业范围：

（1）列车管理工作。

（2）列车停放、列检、清扫洗刷、定期消毒等日常维修保养工作，必要时可包括双周/三月检及临修工作。

三、任务实施

（一）检修基地选址

城市轨道交通车辆检修基地的占地面积大，少则几百亩，多则上千亩。而土地是城市较为稀缺的资源，因此一般城市轨道交通车辆检修基地不设置在市中心，通常设置在暂未发展起来的线路的两端。具体来说其选择主要考虑以下因素：

（1）与城市总体规划协调相一致。

（2）具有良好的接轨条件。

（3）用地面积应满足功能和布置的要求，并应具有远期发展余地。

（4）应具有良好的自然排水条件。

（5）应便于城市电力、给排水及各种管线的引入和城市道路的连接。

（6）宜避开工程地质和水文地质不良的地段。

（二）检修基地总体布置

如图 1-16 所示，城市轨道交通检修基地（车辆段或停车场）总体上由咽喉区、线路、车库及附属库房组成。

1. 咽喉区

咽喉区是检修基地的运用库、检修库以及各种车场线与正线连接地段，这些区域有出入段线和众多道岔，它的使用情况直接影响正线与检修基地的正常运营。

2. 线路部分

线路区由多种不同用途的车场线组成，包含停车线、洗车线、牵出线、试车线、检修线、材料线等。

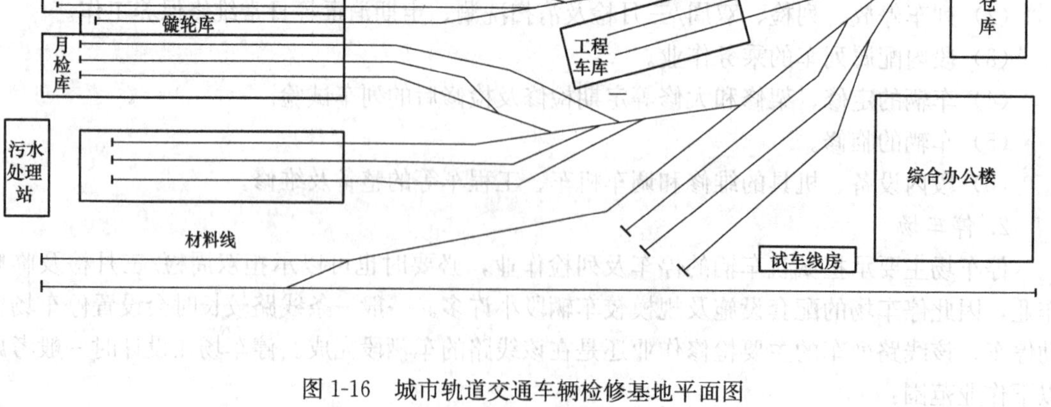

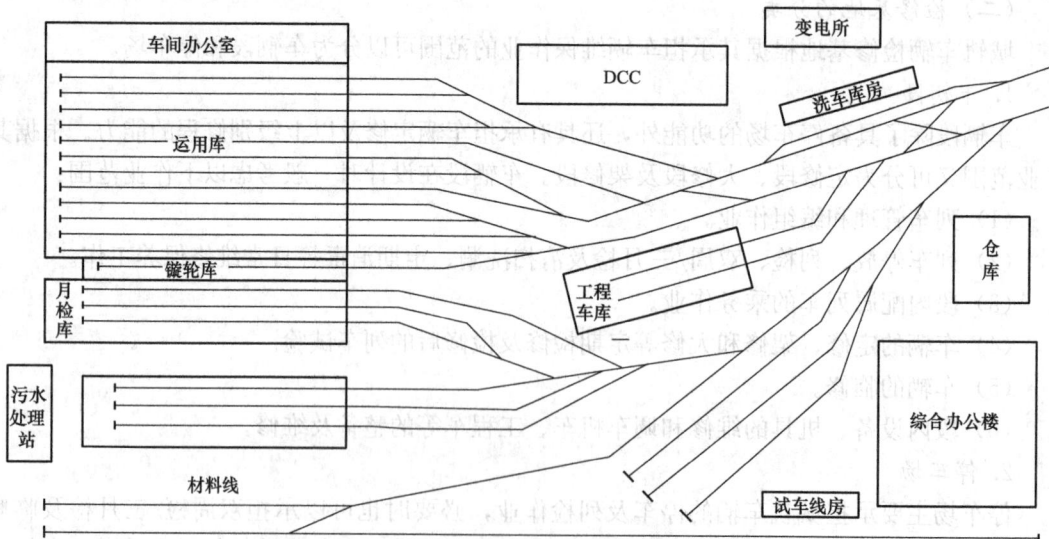

图 1-16　城市轨道交通车辆检修基地平面图

城轨车辆检修基地总体布置应以车辆段或停车场为主体，并根据车辆运用、检修的作业要求和段（场）址的地形条件，综合维修中心、物资总库、培训中心和其他生产、生活、办公设施的布局，以及道路、管线、消防、环保、绿化等要求，结合当地气象条件，按利于生产、方便管理和生活的原则进行统筹安排、合理布局。车辆检修基地的设计还应贯彻节约用地，节约能源和资源的方针。

车辆检修基地总体布置一般还需遵循以下原则：

（1）根据车辆运行组织和车辆检修规程的要求，保证作业流程顺畅、安全、便利，减少各工序流程间的冗余时间及车辆空走和运输距离。

（2）基地内道路尽量避免与生产运输道路交叉。

（3）基地的布置一般分为车辆运用区、车辆检修区、行政管理区和后勤服务区，各功能区域尽可能集中设置，便于设备的统一使用，减少运输路程。

（4）在满足功能的前提下，尽可能减少用地面积，并为长远发展留有余地。

（5）建筑物的纵轴尽可能与主导风向一致，主要建筑物尽量不要处于南方西晒、北方寒风的不利朝向。

（6）基地的布置与建设要与城市的生态环境、文化环境、建筑特色相协调。

（三）车场线的设置

车场线是车辆段、停车场内线路的统称，包括运用和检修库线、调机及工程车库线、试车线、洗车线、镟轮线、静态调试线、出入段线。一些车辆段还设置有国铁专用线等。这些线路并不是所有的车辆段或停车场都具备，应根据作业需要设置。车场线的配备和布置应满足功能需要、工艺要求，并应做到安全、方便、经济合理。

1. 运用库线

运用库线一般又称停车库线，设置在运用库内，如图 1-17 所示，用于列车的日常停放，也兼作列车日检的场所。运用库线应为平直线路，有尽端式和贯通式两种。一般一条运用库线分为 A 段和 B 段，可停放两列车，其中 A 段设置有检修地沟，用于列车的日检。

图 1-17 运用库线（B 段，不带检修地沟）

2. 检修库线

检修库线设置在检修库内，是列车扣修作业的场所，如月检、年检。检修库线一般设置成柱式检查坑，如图 1-18 所示，方便对于列车下部的检修作业。检修库一般设置在运用库的旁边，长度约为运用库的一半。

3. 调机及工程车库线

调机指的是用于场内调车作业的调车机车，工程车是指用于正线工务作业的轨道牵引车、平板车、打磨车等工程机车车辆，在实际运营中一般将这两类车统称为工程车。调机车库与工程车库在功能上类似于检修库与运用库，调机车库用于工程车日检及以上级别修程的作业。工程车库作为工程车日常停放及日检的场所，同时也是工程车司机整备作业的场所。调机库及工程车库内的轨道线路即为调机库线和工程车库线。

工程车库线与运用库线类似，一半设置检修地沟。调机库线设置为带地沟式的检修线路，如图 1-19 所示。

图 1-18　检修库线

图 1-19　调机库线

4. 试车线

试车线供定修、架修、大修后列车在验收前的动态调试，如图 1-20 所示。其长度一般在 1km 左右，具体一般与该车辆段所在线路列车的最高运行速度有关。进行镟轮后的列车也要在试车线上进行制动测试。试车线的长度应满足远期列车最高运行速度、性能试验、列车编组、行车安全距离的要求。一般设置成平直线路。试车线还设置有信号的地面装置，可进行列车车载信号装置的实验。

图 1-20　车辆检修基地试车线

5. 洗车线

洗车线是列车自动清洗机所在的线路，如图 1-21 所示。列车每天回段（场）经过洗车线时对列车表面进行清洗作业。洗车线的布置受洗车工艺和用地条件的限制，不同的布置形式对洗车能力和效率有较大的影响。目前洗车线的布置形式主要有：咽喉通过式、运用库通过式、咽喉区八字线通过式、尽头线往复式。

图 1-21　洗车线

6. 镟轮线

镟轮线是车辆车轮进行镟修的线路，如图 1-22 所示。地铁车辆检修修程规定当车辆车轮踏面损伤或车轮轮径差超过规定值时均需进行镟修。目前地铁车辆车轮镟修一般均在不落轮镟床上进行。不落轮镟床所在的线路即为镟轮线，有的地铁检修基地单独设置镟轮库，有的则与运用库合并。镟轮线的有效长度应满足所有车辆的轮对镟修工作要求，镟床前后应有一列车长度的直线段，同时镟轮线一般还配置公铁两用车作为列车的牵引设备。

图 1-22　镟轮线

7. 静态调试线

静态调试线设在静态调试库内，有的地铁车辆段单独设置静态调试库，有的则将该功能与检修库合并。列车在检修结束上试车线试车之前，要在静态调试库对列车进行静态调试，对电气设备和控制回路的功能与控制逻辑进行调整、测试。静态调试线为平直线路，静态调试线旁边设置有调试用的电源设备（静态电源柜）。一般在静态调试线上还设有车辆轮廓检测装置。

8. 出入段线

出入段线是车辆段或停车场连接正线的线路，是列车进出车辆段或停车场的必经之路。一般情况下出入段线是双线、双向运行的，规模小于或等于 12 列位的停车场出入线可按单线设计。

车辆段或停车场内的以上线路通过段内道岔相互连接，道岔和信号设备联锁，在车场调度中心（DCC）的统一控制管理下，列车通过自行牵引或由调车机车牵引在车辆段各线路间运行或调车。车辆段内各线路又通过出入段线与正线相连。

（四）车辆检修基地的运作管理

车辆检修基地的运作管理的核心管理机构是车厂控制中心（简称 DCC）。DCC 是车厂内行车组织、施工、调试和车辆清洁的调度管理部门，是车厂内任何涉及车辆及轨道的生产作业的统一调度和指挥机构，设有车厂调度（简称厂调）、检修调度（简称检调）。车厂调度负责向行调（行车调度的简称）通报运用车、与检调、设备调度交接检修及运用电客车、工程车；负责车厂辖区内行车组织、施工组织。检调负责正线供车保障、正线车辆技术支持，组织车辆的检修及故障处理。

车辆段设备车间是车辆检修基地内大型设备（如架车机、洗车机、不落轮镟床、立体仓库）、其他车辆检修工艺设备及风、水、电的资产归属及日常维修保养的部门。在有些城市轨道交通运营企业，也将工程车纳入车辆段设备车间管理。

（五）检修基地的规模

一般而言，一条线路检修基地的规模是由这条线路配属的列车数量决定的。但对于已有多条运营线路的运营企业而言，新线检修基地的设计往往会综合考虑全线网检修资源的匹配以及相关其他资源的开发，因此一个检修基地的规模还往往与企业采取的运营模式及发展策略有关。

任务四 城市轨道交通车辆检修设备

一、任务描述

城市轨道交通车辆的维修要求达到高质量、高水平的标准，除了软件上维修工艺、维修流程的给予保证，还需要有合适的检修工具及设备。因此，一个成熟的城市轨道交通运营企业必然拥有一套完整、齐备的检修设施和设备。了解城市轨道交通车辆检修设备的种类及配置，掌握车辆检修中主要检修设备的基本原理和结构，有助于更好地从事车辆检修工作。

二、相关知识

（一）城市轨道交通车辆检修设备的种类

城市轨道交通车辆检修涉及的设备种类繁多，可按下列方法进行分类。

(1) 按照设备的性质可分为通用设备和专用设备。

1) 通用设备：起重运输设备、机械加工设备、探伤设备、焊接设备、动力设备和计量设备等。

2) 专用设备：拆装设备、监测实验设备、专用切削设备、清洗设备、起重提升设备、救援设备、非标设备和专用工装等。

(2) 按设备的工作对象和作业方式可分为六种：起重及平面移动设备、架车设备、轮对检修设备、转向架检修设备、电气试验设备和清洗设备。

(3) 按是否进口可分为进口设备和国产设备。

（二）城市轨道交通车辆检修设备的配置原则

城市轨道交通检修涉及的设备种类和数量均较多，不可能每个车辆段或停车场都配置一整套完整的检修设备，具体的配置是结合车辆段或停车场的功能设计进行考虑的，一般根据下列原则进行配置。

1. 按检修需要进行配置的原则

每个停车场（车辆段）设计的检修功能是不一样的，因此车辆段或停车场的检修设备配置会根据其功能设计进行考虑。有的停车场（车辆段）具有定修功能，有的只进行日检和月检。定修需要架车，因此需配置架车机；但是定修不对转向架进行拆解，无需配置修理轮对和转向架的专用设备及实验装置。

2. 自修与委外结合的配置原则

城市轨道交通运营商从经济的角度考虑不可能什么都自己修。有的修理项目难度高，维修设备比较专业，价格昂贵，自己加工数量不多，成本太高。

如新车轮加工毂孔，需要深孔内圆磨床，设备昂贵，但平时进行加工的数量不多，作为城轨交通运营商没有必要进行配置。其他如门驱动轮、防跳轮，技术要求高，数量不多，只能进行委外加工。委外加工还可以充分利用社会资源，减少建设投资，避免大量加工设备闲置的情况。

3. 按环保要求配置的原则

有些修理项目在作业时有严重的噪声、震动，或者放出污染气体，或者排除大量污水。这些都是我国环保制度所不允许的。因此，这些项目的加工必须委外，需送到有特殊环保处理能力的单位进行，如空调的检修（补充雪种）。

少量由于特殊需要和条件限制，必须在车里修理厂进行加工的，则按环保要求配置设备，并配置相应的环保处理措施和设备，例如喷漆废气对工作人员及车间外环境均会产生不利影响，因此国家规定喷漆废气必须进行处理，达到标准后才可排放，所以车辆段内的车辆喷漆车间需设置废气净化设备。

4. 按安全生产要求配置的原则

安全永远摆在城市轨道交通运营企业的第一要位，城市轨道交通车辆检修涉及高压作业、高空作业及焊接等其他特种作业，具备一定的危险性，因此经常基于安全的考虑而配备一些专用的检修设备，例如车辆段五防设备、高空作业平台、自动焊接设备。

三、任务实施

（一）城轨车辆定修及以下的设备配置

一般城市轨道交通车辆段不具备架修及大修功能，只进行日检、月检，最高为定修。这类车辆段（停车场）通常配置大型专用设备、小型专用设备及通用设备。

1. 大型专用设备

大型专用设备包括不落轮镟床、移动式架车机、列车清洗机等。

2. 小型专用设备

小型专用设备包括电池充放电设备、空调机组专用检修设备、空调机组抽真空设备、悬臂吊、列车运行在线检测装置、各种专用测量仪器和各种专用试验台。

3. 通用设备

通用设备包括常用的车、钳、刨、铣、磨等金属切割设备、动力设备以及场内调机车

（轨道车和内燃机车）、叉车和蓄电池运输车。

（二）城轨车辆架、大修的设备配置

根据城轨车辆架修和大修的工艺过程，配置了大型专用设备、小型专用设备、专用实验设备、通用设备等。

1. 大型专用设备

大型专用设备包括地下固定式架车机、移车台、转向架升降台、转向架清洗机、构架试验台、构架翻转台、轮对压装机、车轮车床、轮径车磨床、整流子下刻及点焊机等。

2. 小型专用设备

小型专用设备包括蓄电池公铁两用车、架车台、液压载重升降台、悬臂吊、轴承感应加热器、轴承清洗设备、套齿设备、空调冷媒充放设备、空调检修套装工具、空调焊接专用工具、车载碱性蓄电池的充放电设备和蓄电池拆装工具等。

3. 专用实验设备

专用实验设备包括转向架试验台、一系弹簧实验台、减震器试验台、牵引电机实验台、空压机电机试验台、空气阀门试验台、转子检测动平衡机、电器部件综合试验台、功率电子试验台、逆变器试验台、空调机组试验机、受电弓试验台、车钩对接试验台、门控装置试验台、门控压力测试仪和车体称重装置等。

4. 通用设备

通用设备包括折弯机、剪板机、冲剪机、弯管机、车床、磨床、刨床、铣床、压床、钻床、锻打设备、车轴探伤机、大型叉车、电机吹扫清洗设备、油漆工艺设备、动力以及内燃调车机车、蓄电池运输车及叉车等。

（三）城市轨道交通车辆检修主要设备介绍

1. 列车自动清洗机

列车自动清洗机，是清洗地铁列车外表面的专用设备，如图 1-23 所示。洗车机利用洗涤剂、毛刷、低压喷水对列车的车体两侧面、顶弧部分以及两端面进行清洗，去除列车运营过程中产生的灰尘、油污和其他污渍，使列车保持洁净外表。《地铁设计规范》（GB 50157—2013）规定“车辆段应设机械洗车设施，配属超过 12 列的停车场也可设置机械洗车设施”。因此，列车清洗机是车辆段列车清洗的必配设备之一，与不落轮镟床、架车机合称

图 1-23　列车自动清洗机

为城轨车辆检修的三大设备。

（1）结构。列车自动清洗机是综合的机电设备，结构主要由以下部分组成：

1）洗车信号指示系统：包括库前停车指示牌、清洗结束指示牌、前端洗停车牌、停车指示灯、后端洗停车指示牌。

2）光电信号系统：包括进库和出库测速装置、控制清洗开始和结束的光电传感器、控制前端洗和后端洗停车位光电传感器。

3）洗刷系统：包括刷组和喷水管。其中刷组包括侧刷组、侧顶弧刷组、端洗仿形刷组；喷水管包括预湿调温喷管、洗涤液喷管、回用水喷管及各刷组上的喷管。

4）供水系统：包括供水泵组、加药泵站、供水管路。

5）水循环处理系统：包括生化系统、过滤系统、液位计系统、潜水泵系统。

6）供气系统：包括空压机、储气罐及供气管路。

7）电气控制及监视系统：控制柜、配电柜、监控软件、手动操作台、电气电缆、监视系统、桥架等。

（2）功能。自动列车清洗主要能实现以下几个功能：

1）具有洗车模式选择功能，可选择是否进行端洗、是否加洗涤剂清洗或只用水清洗等模式。

2）记录被清洗列车的车号、洗车次数及洗车日期，以及洗车机故障情况等数据的记录和打印功能，能显示每列车洗车记录，联网传输功能。

3）可任意切换手动控制和自动控制。

4）洗车流程实时显示及故障显示功能。

5）具有完备的保护功能：有完善的联锁保护，发生故障时，能紧急停机、声光报警、刷组退回原位。

6）具有污水循环处理功能。

2. 不落轮镟床

不落轮镟床是指在不对机车车辆进行解体的条件下，对机车车辆轮缘、踏面进行高精度镟修的专用机床，如图 1-24 所示。

图 1-24　城市轨道交通车辆不落轮镟床

轮对无需从车辆上拆下就可在镟床上完成对车轮踏面及轮缘的车削加工，同时能对车轮踏面的尺寸及磨耗量进行测量。有的不落轮镟床还具备有对制动盘进行镟修的功能。不落轮镟床安装在车间地平面以下的地坑中，机床上设有活动轨道与车间地面的钢轨相接，被修理的机车车辆可由不落轮镟床的配套设备公铁两用车由活动轨道牵引到机床上或从机床上方通过。

不落轮镟床主要由镟床及床身、机床轨道系统、轮对定位和切削加工系统、测量系统、驱动系统、机床控制/操作系统、电气系统、润滑系统、集屑/碎屑/排屑系统、排烟尘系统组成。

目前地铁车辆段设置的地铁不落轮镟床具备主要功能如下：

（1）车轮轮廓及轮内侧面的镟修加工功能。

（2）轮对对位是否准确的自动显示功能。

（3）轮对内侧距测量、轮对廓形测量、车轮直径测量、轮廓磨耗测量、轮对 Q_r 值测量。

（4）各种车轮轮廓形状曲线的编程功能。

（5）最佳切削量的确定功能。

（6）数据打印、记录、存储及输出功能。

（7）铁屑破碎及排送功能。

（8）故障的自动诊断、检测、查询及报警显示功能。

（9）完善的防误操作功能及已选择动作不能在现行状态下实施时的报警显示功能。

（10）对于同一轮廓型可以选择不同的轮缘厚度曲线进行镟修。

3. 公铁两用车

公铁两用车是指既可在公路上行走也可在轨道上运行的专用牵引车，主要用于轨道牵引、调车作业。

公铁两用车的主要特点是运行速度低、牵引力大、轻便灵活可远距离遥控操作。目前在地铁检修基地中主要作为不落轮镟床的配套设备，作为列车镟轮时的牵引动力设备，如图1-25 所示。

图 1-25 公铁两用车

按公铁两用车的驱动方式分类，可分为钢轮驱动型和胶轮驱动型。钢轮驱动型的公铁两用车在轨道上运行时，钢轮既是导向轮又是驱动轮，运行安全性高，不容易出现脱轨。胶轮驱动型的公铁两用车不论在公路还是在轨道上运行时，驱动轮都是胶轮，在轨道上运行时钢轮只起导向作用，这种驱动方式在过道岔时极易出现脱轨。

按动力源分，公铁两用车可分为内燃动力形式的公铁两用车和蓄电池形式的公铁两用车。前者牵引能力大，续航时间长。后者较为轻便，且容易实现遥控控制，但存在蓄电池老化及牵引能力不足的问题。

目前在地铁基地普遍使用的是以蓄电池为动力源钢轮驱动的公铁两用车，且具备人工操作及遥控控制两种操作模式。公铁两用车两端配备固定式自动车钩，具有与地铁列车自动车钩挂钩的功能，通过列车司机台也能实现自动解钩。

4. 架车机

架车机是地铁车辆检修的重要设备之一，主要用途是将车辆抬升，对车辆的转向架进行检修作业，并对车底的部件进行检查和维修工作。

架车机分为固定式架车机（图 1-26）和移动式架车机（图 1-27）。

图 1-26 固定式架车机

图 1-27 移动式架车机

固定式架车机的起升机构安装于架车库专门设计的基坑中，其架车位置固定，一般只能对该线路的列车进行架车作业；移动式架车机则由若干个可移动的起升机构组成（一般 4 个起升机构架一节车），这些起升机构通过控制装置统一控制，可实现对列车的同步起升，因为其每个起升机构均可移动，因此只要在荷载范围内移动式架车机可灵活的对不同车型进行架车。

从结构原理上看，固定式架车机和移动式架车机基本类似，主要有架升支撑构架、丝杆螺母驱动装置、电气控制系统、轮滑系统等。电气控制系统负责架车机同步升降的功能，一般采用 PLC 控制系统，能自动计算各个丝杆的架升高度，并自动控制驱动电机启动或停止。

《地铁设计规范》（GB 50157—2013）规定：临修库、架修库和大修库均应根据作业要求设架车设备。架修库和大修库应根据作业需要选用地下式固定架车机组或其他形式的架车设备。临修库可选用移动式架车机。

图 1-28　移车台

5. 移车台

移车台是指安装于车辆段内，用于将整车或列车分解后的车体、转向架等部件由某一轨道横向运载至另一个轨道的专用设备，如图 1-28 所示。一般只在具有大修功能的地铁车辆段设置移车台。

移车台主要由机械系统和电气控制系统两大部分组成。

机械系统主要由钢结构（车架）、驱动系统（主从动走行轮）、司机室、渡桥等组成。驱动系统包括 4 套槽型主动走行轮和 2 套从动走行轮，主动走行轮分别由 4 台“三合一”减速机驱动。

电气控制系统主要由供电装置、控制台、电器柜以及 PLC、变频器、电气、减速机等组成。电机、减速机同步控制采用变频矢量控制技术、确保 4 个主动轮的负载和转速一致，防止在走行过程中出现啃轨和爬轨。

6. 桥式起重机

桥式起重机是横架于车间、仓库上空进行物料垂直、前后、水平吊运的起重设备，如图 1-29 所示。

图 1-29　桥式起重机

桥式起重机的两端坐落于车间、仓库两侧的水泥柱或者金属支架上，形似桥梁。其桥架沿铺设在两侧高架上的轨道纵向运行，可以充分利用桥架下面的空间吊运物料，不受地面设备的阻碍。

地铁列车的一些零部件质量较大，在检修时需进行更换，人力无法搬动，这时就需要使用车间内设置的桥式起重机。根据《地铁设计规范》（GB 50157—2013），定修库、临修库、架修库和大修库均应设电动桥式或桥梁式起重机。起重机的重量应满足工艺和检修作业的要求；起重机走行轨的高度应根据车辆高度、架车方式、架车高度、车顶作业要求和起重机的结构尺寸计算确定。

7. 非标设备

车辆检修生产涉及的辅助设备较多，除了以上较为大型的成套设备，还有一些小型的非标准设备，这些设备不是标准的定型产品，需根据现场实际专门进行设计制造，数量少、种类多。以下介绍几种常见的非标设备：

（1）工艺转向架。该设备用于地铁车辆修理工程中分离转向架后代替转向架对车体进行支撑、移位、定位作用的特殊转向架。它主要由旁承、轮对轴箱和构架组成。

（2）移动式液压升降平台。该设备由工作平台、液压升降油缸、移动轮组成，用于车体下电气及各种设备的拆装。可人工移动、液压升降。

（3）移动式磁粉探伤机。用于车钩配件、转向架及轮对配件的整体或局部磁粉探伤检查。可对工件进行交流磁化、直流磁化和自动退磁，充电电流、退磁电流连续可调，有断电相位控功能，剩磁稳定，交流磁化不漏检，能确保探伤质量。可携带到探伤现场使用。

（4）电器综合实验台。用于列车上各种型号的接触器、中间继电器、电压继电器、电流继电器、热继电器、小型空气开关、时间继电器等触点电器开关元件的动作试验及整定。

（5）受电弓专用检修实验台。用于受电弓检修后的性能试验，可对受电弓进行全面动作特性试验。

能够进行单臂受电弓的动作特性试验、接触压力测量（测试静态接触压力、同高压力差、同向压力差）；最大升弓高度、升弓、降弓时间测试；升降弓气压、自动降弓等参数测试。并可检查测试受电弓对地的绝缘电阻、绝缘耐压值、集电装置行程值的检测等。

（6）空调机组综合实验台。空调机组性能试验装置是空调机组检修必备的检验设备，机组从车上拆下，全面清洗后需进行性能试验，机组各部件检修完毕组装后，需进行运转试验、性能试验。所以，空调机组性能试验装置，是为检修工作提供检查空调机组的运转性能、制冷、制热量及通风量、空气动力特性的专用设备。

综合试验台能以表格形式显示各测量数据的动态监测情况，具有手动和自动采集相关测量数据的功能，并能将各测量数据以文档方式进行存储和打印。

复习思考题

1. 请讨论计划预防修和以可靠性为中心的维修制度各自的优缺点。
2. 请讨论气囊式受电弓月检规程与年检规程的区别。
3. 请讨论车辆段与停车场的区别。
4. 请列举车辆检修基地内的车场线并说出其作用。
5. 什么是车辆段“三大设备”，其作用是什么？

项目二

城市轨道交通车辆机械部件检修

城市轨道交通车辆的检修作业主要分机械部件和电气部件两大部分，其中机械部件的检修主要针对基础制动单元、门系统、紧固件、走行部、车钩以及轮对等部件的检修。

本项目主要围绕基础制动单元的拆卸、门系统的拆卸、紧固件的维护、走行部参数测量、车钩磨损量测量，以及车轮、车轴、轮辋无损检测等检修任务进行介绍，并以此为基础培养学生从事车辆机械部件检修的能力，使学生掌握从事地铁车辆机械部件检修时所需要的知识与技能，见表 2-1。

表 2-1　学习任务与目标

学习任务	学习目标		
	知识目标	能力目标	素养目标
任务一　拆装基础制动单元	制动的概念和特点； 基础制动单元的结构与工作原理； 基础制动单元拆卸工艺流程	能够根据基础制动单元的结构和原理独立完成拆卸	严格遵守轨道交通企业各项规章制度； 培养安全生产意识； 培养良好的职业道德习惯和敬业精神； 服从企业生产指挥调度，能按企业要求实施生产； 具有严格规范的检修工艺流程意识； 培养解决生产实际问题的能力
任务二　拆装门系统及调整参数	车门的形式与结构； 车门的拆卸与安装程序； 车门各参数要求	能够完成车门的拆卸与安装； 能够根据车门结构独立调整车门参数	
任务三　处理故障紧固件	紧固件的分类； 紧固件的故障； 紧固件的维护	能够正确辨识紧固件的类别和故障； 能够正确维护紧固件	
任务四　测量走行部参数	走行部的组成与作用； 各部件检修方法	能够根据走行部各组成部分特点进行检测和维修； 能够完成转向架的组装	
任务五　测量车钩磨损量	车钩的分类与工作原理； 车钩磨损量的测量	能够正确区分不同类别的车钩； 能够正确使用钩锁间隙规	
任务六　无损检测车轴、车轮、轮辋	常用的无损检测方法； 磁粉探伤和超声探伤方法与原理	能够根据实际需要灵活使用磁粉探伤和超声探伤对车轴、车轮和轮辋进行检测	

任务一　拆装基础制动单元

一、任务描述

城市轨道交通车辆为了实现站间距离短、启动快、制动距离短、停车精度高等要求，对车辆的运行和装备的要求较高，在每节动车上安装四台调频调压交流驱动电动机。由于这种电动机在高速时制动性能良好，但是低速时制动效率发挥不出来，所以当车速降低到一定程度后必须采用空气制动。因此，可以将制动系统分为两大类：电制动和空气（摩擦）制动。

电制动是车辆在常用制动下首先选择的，只有带驱动系统的动车具有电制动，电制动可分为再生制动和电阻制动。

当发生常用制动时，电动机变成发电机状态运行，将车辆的动能转换为电能，通过VVVF逆变器整流成直流电反馈到接触网上，供给该段接触网供电区上其他车辆牵引使用，以及本车的其他系统（如辅助系统等）使用，这种制动方式被称为再生制动。再生制动能力取决于接触网的接受能力和网压高低与负载利用能力。

如果制动列车所在接触网供电区内没有其他列车吸收该制动能量，VVVF逆变器将能量反馈在电阻上，电机的制动能转变成电阻的热能消耗掉，这就是电阻制动，电阻制动单独能够满足常用制动要求。

空气制动是电制动的补充形式，以补足电制动力不足的部分。每节车设计有独立的气制动控制及部件，每根轴设计有独立的防滑控制。

二、相关知识

目前城市轨道交通车辆一般采用模拟式电-空制动系统，除制动指令形成及指令传输部分外，电-空制动系统一般由供风系统、制动控制系统、执行系统（基础制动装置）和防滑系统组成。本章节重点介绍基础制动单元的检修。

（一）基础制动单元结构及工作原理

基础制动单元装置在转向架的位置如图2-1所示，每个动车和拖车转向架都装有两个带

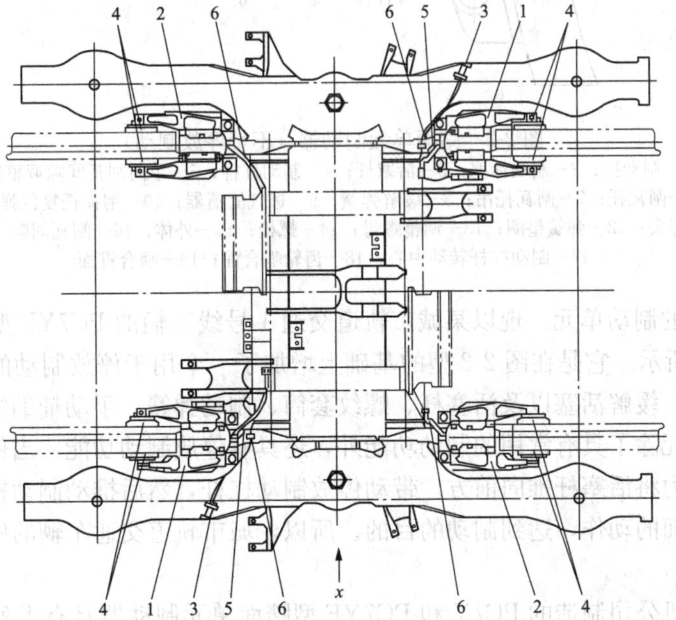

图2-1 拖车转向架基础制动单元位置图

1—带停放制动的基础制动单元；2—不带停放制动的基础制动单元；3—手动缓解装置；4—闸片；5—空气软管（接蓄能制动缸）；6—空气软管

停放制动的基础制动单元和两个不带停放制动的基础控制单元。而基础制动单元用于常规和紧急制动，使车辆减速直到停止。基础制动单元同时可用于停放制动。

不带停放制动的制动单元。现以某地铁公司的踏面单元制动器为例，如图 2-2 所示。该制动装置主要由制动缸、制动活塞、活塞杆、制动杠杆、单元闸瓦间隙调整器、闸瓦托、闸瓦托吊、缓解弹簧、闸瓦托复位弹簧和用于更换闸瓦的推杆复位机构组成。当风缸充气时，推动活塞及活塞杆，带动制动杠杆，然后推动间隙调整器的螺纹杆，将闸瓦推向轮对踏面施加制动。由此可见，城市轨道交通车辆常用制动是充风制动，排风缓解。

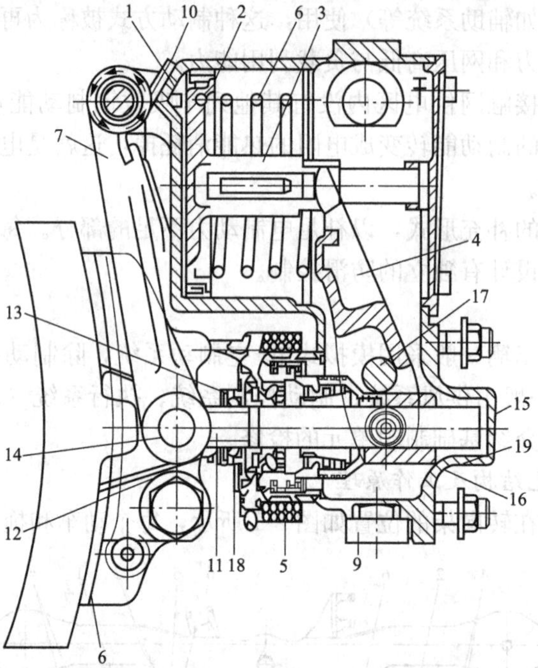

图 2-2　踏面单元制动器（不带停放制动）

1—制动缸；2—制动活塞；3—活塞杆；4—制动杠杆；5—单向闸瓦间隙调整器；
6—闸瓦托；7—闸瓦托吊；8—缓解弹簧；9—透气滤清器；10—闸瓦托复位弹簧；
11—推杆头；12—弹簧垫圈；13—调整螺母；14—螺栓；15—外体；16—闸瓦间隙调整器体；
17—制动杠杆转动中心；18—齿轮啮合面；19—啮合锥面

带停放制动的制动单元。现以某城市轨道交通 1 号线车辆的 PC7YF 型踏面单元制动器为例，如图 2-3 所示。它是在图 2-2 型的基础上增加了一个用于停放制动的弹簧制动器，包括停车缓解风缸、缓解活塞以及活塞杆、螺纹套筒、制动弹簧、手动辅助缓解机构等。带停放制动的制动单元除了具有常用的制动功能外，还具有停放制动功能。当停放制动缓解风缸排气后，弹簧推力将活塞杆推向前方，带动停放制动杠杆，然后推动制动杠杆，最后实现将闸瓦推向轮对踏面的动作，达到制动的目的。所以，城市轨道交通车辆的停放制动是排风制动、充风缓解。

克诺尔制动机公司制造的 PC7Y 和 PC7YF 型踏面单元制动器具有下列特点：有弹簧停车制动和手动辅助缓解装置（PC7YF 型）；有闸瓦间隙调整器；制动传动效率高，均在 95%左右；占用空间小，安装简单；性能稳定，作用可靠，维修方便。

这两种型号单元制动器的主要技术参数见表 2-2。

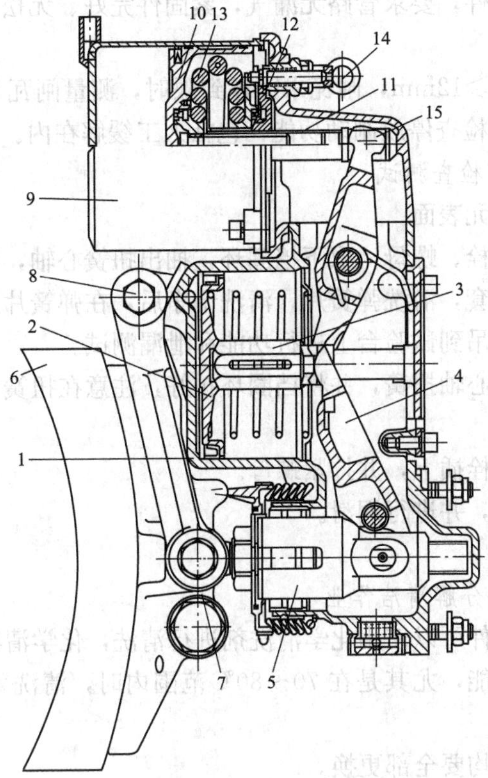

图 2-3 踏面单元制动器（带停放制动器）

1—制动缸；2—制动活塞；3—活塞杆；4、15—制动杠杆；5—闸瓦间隙调整器；6—闸瓦托；7—闸瓦托吊；8—缓解活塞；9—缓解风缸；10—活塞；11—活塞杆；12—螺纹套筒；13—制动弹簧；14—缓解拉簧

表 2-2 PC7Y、PC7YF 型踏面单元制动器主要技术参数

制动缸活塞有效面积（mm^2）		28 350
制动倍率	常用制动器	2.85
	弹簧制动器	1.15
制动缸工作压力（kPa）		300～600
最大闸瓦压力（kN）		45
弹簧制动缓解压力（kPa）		5300～8000
闸瓦磨耗后一次最大调整量（mm）		15
最大间隙调整能力（mm）		110
PC7Y 型踏面单元制动器重量（包括闸瓦）（kg）		63
PC7YF 型踏面单元制动器重量（包括闸瓦）（kg）		85

（二）基础制动单元各修程对应的检修内容

1. 基础制动单元定期检查

(1) 目测检查锁紧片、橡皮保护套、闸瓦卡簧及其各螺栓、扭簧轴销卡簧，要求无异常，卡簧无断裂、脱落。

(2) 检查管路及紧固件，要求管路无漏气，紧固件完好、无松动。

(3) 检查闸瓦。

要求闸瓦最低处厚度≥12mm，闸瓦未磨耗到限时，测量闸瓦与踏面间的间隙，调整间隙至12mm±1mm。然后检查停放制动功能，包括人工缓解在内。

2. 基础制动单元定期检查测试

(1) 清扫基础制动单元表面。

(2) 松开闸瓦连接螺栓、螺母，取下挡圈环，抽出扭簧心轴，取下吊臂。

(3) 拧下定位弹簧螺套，清洗弹簧片，清洗干净后，在弹簧片上涂抹薄层黄油。

(4) 将基础制动单元吊到试验台上进行功能和泄漏测试。

(5) 安装吊臂扭簧、心轴扭簧，并将挡圈环扣好，注意在扭簧、心轴以及螺杆表面涂上薄层黄油。

(6) 将闸瓦托连接螺栓插上，并拧紧螺母。

(7) 检查、清洁皮腔，并进行润滑。

(8) 更换闸瓦。

3. 基础制动单元大修分解清洁作业

(1) 制动机的金属部件可以使用化学清洗剂进行清洗，化学清洗剂在不同的温度下均能保持较好的清洗和除油性能，尤其是在70～80℃范围内时，清洗效果最佳，清洗完成后要立即通过压缩空气吹干。

(2) 橡胶件和塑料件均要全部更换。

(3) 使用钢丝刷去除外表面的锈迹和附着物，但是要保持表面的干燥性。

三、任务实施

(一) 准备工具及耗材

所需要的工具和设备有：个人工具箱、17内六角扳手、管钳、毛刷、强光手电、秒表、空气压缩机测试试验台、压力露点计或相对湿度计、温度计、KNORR K型环专用安装工具、取膜器、活塞检查环规；所需物品：研磨砂纸、各种油脂、空气压缩机油、滤芯、干净抹布、聚四氯乙烯生料带、肥皂水。

(二) 扭矩扳手的使用与注意事项

扭矩扳手也叫扭力扳手（图2-4），力矩就是力和距离的乘积，在紧固螺丝螺栓螺母等螺纹紧固件时需要控制施加的力矩大小，以保证螺纹紧固且不因力矩过大破坏螺纹，所以用扭矩扳手来操作。首先设定好一个需要的扭矩值上限，当施加的扭矩达到设定值时，扳手会发出“咔塔”声响或者扳手连接处折弯一点角度，这代表已达到标准力矩、不需再加力了。扭力扳手可以分为：预置式扭力扳手、数显扭力扳手、MINI型扭力扳手、定值扭力扳手、表盘扭力扳手。

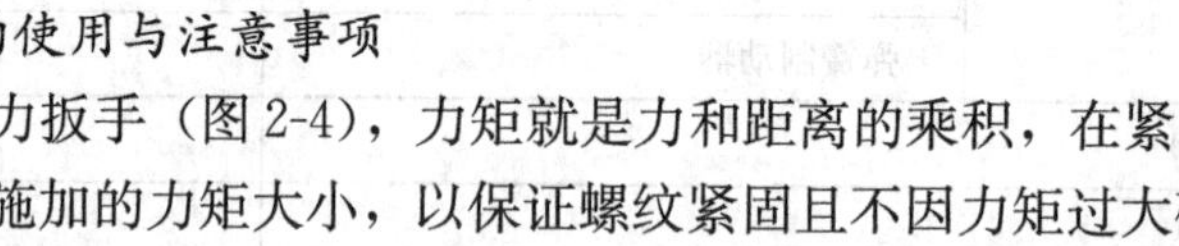

图2-4 扭矩扳手

在扭矩扳手使用时应注意以下几点：

（1）使用扭矩扳手时，应平衡缓慢地加载，切不可猛拉、猛压，以免造成过载，导致输出扭矩失准。在达到预置扭矩后，应停止加载。

（2）不能使用预置式扭矩扳手拆卸螺栓或螺母。

（3）严禁在扭矩扳手尾端加接套管延长力臂，以防损坏扭矩扳手。

（4）根据需要调节所需扭矩，并确认调节机构处于锁定状态才能使用。

（5）预置式扭矩扳手使用完毕，应将其调至最小扭矩，使测力弹簧充分放松，以延长其使用寿命。

（6）应避免水分侵入预置式扭矩扳手，防止零件被锈蚀。

（7）所选用的扭矩扳手的开口尺寸必须与螺栓或螺母的尺寸相符合，扳手开口过大易脱落并损伤螺件的六角。

（8）各类扳手的选用原则，一般优先选用套筒扳手，其次为梅花扳手，再次为开口扳手，最后活动扳手。

（9）为防止扳手损坏和滑脱，应使拉力作用在开口较厚的一边，这一点对受力较大的活动扳手尤其应该注意，以防开口出现“八”字形，损坏螺母和扳手。

（三）检修作业安全措施

（1）必须采取措施确保列车编组单元的各节车不出现随意移动。

（2）遵守安全事故预防措施的每一个条款，把环境和其他各种规程与工作有效地结合起来。

（3）拆卸前，相连的空气管道必须完全排空，并防止重新充气。

（4）保护好敞开的管道接头，防止灰尘进入。

（5）风缸排风时要戴耳套以保护耳朵。

（6）拆卸时，如果不久前刚进行过制动，闸瓦会很烫，小心烫伤。

（7）带停放制动器的基础制动单元重达 99kg，搬运过程中应使用合适的起重装置。

（8）只有具有资格的人员才能进行检修工作。

（四）拆卸和安装基础制动单元

1. 拆卸

用止动铁鞋固定列车，按照制动系统相关操作规程要求进行排气（排风），确保各制动单元处于可拆卸状态。

（1）松开每个带停放制动的基础制动单元的管接头。

（2）用合适的装置支撑基础制动单元。

（3）松开六角螺栓与六角螺母、高压安全垫和平垫圈，把六角螺栓拆下。

（4）用合适的起重装置把基础制动单元从转向架上拆下。

（5）封住敞开的管道接头，防止灰尘进入。

拆下的部件清洗后，首先要进行目测检查。更换损伤的零件，例如存在裂纹、严重腐蚀或螺纹变形等，其中必须要更换的部件包括：六角螺母、簧环、软管夹、皮腔、O 形圈、垫片、环、弹簧垫片、止动螺栓、轴衬、干燥轴衬、外包装、密封环、挡圈、弹簧等。

除了目测检查外，针对一些重要部件还要进一步检查：

（1）箱体：箱体的各项检查均要符合图样规定，例如损伤程度、轴承销孔磨损情况不得大于0.2mm、粗糙度、孔径内表面不能有裂纹等。

（2）心轴：将推力螺母旋进心轴，如果轴向间隙大于0.8mm，就需要更换心轴。

（3）推力螺母：同样将一根推力螺母旋进一个新的心轴，若轴向间隙大于0.8mm，就要更换推力螺母。

（4）压簧：用力将弹簧压到16mm，当压力超过200N时要更换压簧。

（5）调整螺母：检查其密封表面，打磨细小磨痕。

（6）活塞：测量活塞内孔直径要符合要求。将心轴放在活塞的空心处时，心轴要能够倾斜5°，并且有预留的空间使其不会碰到活塞，若能够接触到，就需要更换活塞。活塞的环形槽表面粗糙度要符合要求。深槽推力球轴承作用一定要平稳、自如。一根新管子旋进心轴间隙不能超过3mm，否则更换心轴。心轴上的轴承点要符合规定的最大直径和粗糙度要求，否则更换。

2. 安装

安装前，调节好基础制动单元，并去除与转向架连接的基础制动单元法连接面所有的锈迹、油漆和污垢，拿掉空气管道接口上的保护罩。

（1）用合适的装置调整基础制动单元在转向架上的安装位置。

（2）用合适的装置支撑基础制动单元，并摆放到位。

（3）用六角螺栓与六角螺母、高压安全垫和平垫圈把基础制动单元连接到构架制动器安装座，并预拧紧螺母。再用扭力扳手以525N·m的力矩拧紧螺栓。

（4）将制动软管连接到基础制动单元相对应的风口上。

（5）与空气管路部分一起进行泄漏试验，并进行制动器动作试验。

（6）检查制动盘与闸片之间的间隙，要求约1～2mm。

（五）更换闸瓦

根据不同用途，制动闸瓦有不同的几何形状。制动闸瓦可以是一个整体部件，也可由两部分组成。闸瓦的厚度不同，使用寿命也不同。如果达到了磨损极限，则需要更换闸瓦。在确定制动闸瓦的磨损极限时，需要确保不论摩擦副（制动闸瓦和制动盘）是新的还是已用坏的，一个制动单元的全部部件的功能都保持正常。

城市轨道交通中常见的闸瓦主要有：UIC闸瓦（带有机械材料制成的燕尾榫导向装置的制动闸瓦）；KRS闸瓦（带燕尾榫导向装置和有机材料制成的KRS型模的制动闸瓦）；粉末冶金闸瓦（由粉末冶金制成的燕尾榫导向装置的制动闸瓦）；ISOBAR闸瓦（带粉末冶金制成KRS型模以及用于均衡表面压力而特别置入的闸瓦元件的制动闸瓦）。

1. 在安装新的执行闸瓦之前必须检查的情况

（1）将制动闸瓦或制动闸瓦两个半部的零部件编号与系统零部件清单中的编号进行对照。零部件编号标记在闸瓦背面。

（2）左右两侧制动闸瓦的零部件编号是相同的。此时左侧闸瓦标注了“L”字样，而右侧闸瓦标注了“R”字样。

（3）根据订单检查凹槽形式。

（4）制动闸瓦或闸瓦的两个半部（左侧/右侧）的凹槽形状必须相同。不允许使用带不同凹槽的闸瓦对。

(5) 零部件编号必须按照规定印在闸瓦背面。

(6) 若材料损坏，例如裂缝、大于 $2cm^2$ 的碎片或托板缺陷（如在大于 $1cm^2$ 的面积内与闸瓦材料无接合）等，则不允许使用。

(7) 预备用于较困难情况（例如调车机车、轨道路况较差等）的制动闸瓦还配备了一个内置于托板的钢衬。在目检时需检查是否根据安装图要求装有钢衬。

(8) 根据安装图中的规定检查托板的表面处理情况。

(9) 只有当安装图中有明确说明时，才允许使用未做防锈处理的托架金属板。

2. 闸瓦的更换

(1) 闸瓦的更换周期，即两次闸瓦更换之间的间隔时间，由车辆运营商根据实践经验自行确定。推荐每周对制动闸瓦的磨损状态进行自检。

(2) 通常情况下制动闸瓦没有磨损标记。

(3) 允许的磨损极限取决于闸瓦的结构类型。

(4) 测量制动闸瓦的剩余厚度时，必须在闸瓦最薄处测量从制动闸瓦背面至摩擦表面的距离。

(5) 根据运行情况的不同，一个闸瓦的磨损最大区和磨损最小区之间存在厚度差，即斜向磨损，其极限为 5mm。

(6) 闸瓦摩擦表面上由于短时过热造成的碎片不能超过 $10cm^2$。

(7) 闸瓦摩擦表面上允许有龟裂，但不允许有明显的、影响强度的裂纹。

(8) 更换闸瓦时，从制动钳或制动鞍形座的一侧与另一侧的闸瓦厚度差不能超过 2mm。

(9) 用过但还未磨坏的各侧闸瓦只能在零部件编号相同并且剩余厚度差小于 0.4mm 的情况下才可以相互配对。

任务二　拆装门系统及调整参数

一、任务描述

地铁车辆自动车门系统是乘客上下车辆的通道，是车身外形的一个组成部分，它不仅与客车的动力性、经济性、综合性能密切相关，而且对协调客车的整体造型起着重要的作用。门系统的外形设计、开合方式以及加工制造与控制方式都影响客车外形的美观与动感，而且直接影响车辆的安全运营状况。因此，在检修过程中对车门的拆卸与参数调整至关重要。

二、相关知识

（一）城市轨道交通车辆车门功能及分类

城市轨道交通车辆的客室车门按照驱动系统的动力来源可分为电动式车门和气动式车门。电动式车门的动力来源是直流或交流电动机，气动式车门的动力来源是驱动气缸。按照车门的运动轨迹以及与车体的安装方式，客室车门可分为内藏门、外挂门和塞拉门等。

1. 气动式内藏门

气动式内藏门在门上方安装有一套气动机构，由风缸、滑轮、铝合金导轨以及钢丝绳等组成，在地板上设置导轨，使车门在风缸的驱动力下沿着上下导轨平滑运动。开关门的速度和压力均可以通过调节节流阀实现。风缸内的大小两种活塞可以控制关门速度。滑轮轴承均采用球轴承来降低开关门时的噪声。车门上方安装了在紧急情况时方便乘客从客室内直接开门的紧急解锁装置。门窗采用单层玻璃，两门之间采用氯丁橡胶条双层密封，四周采用单层密封，门板具有足够强度与刚度。

2. 外挂门

广州城市轨道交通 2 号线车辆使用的是外挂门。这种车门和内藏门相似，传动机构设置在车内门上面，不同之处在于不论是开门还是关门状态，门板均悬挂于车体外面，通过一个吊装机构穿过车体和驱动机构相连。

3. 塞拉门

其工作电压通常为直流 110V，由驱动装置、旋转立柱和门叶等部件组成。不同的设计方式下，塞拉门的具体结构也不尽相同，其中驱动装置可分为螺杆和齿带传动两种，而旋转装置则又可分为有旋转立柱和无旋转立柱。除了旋转立柱和门叶外，其余大部分部件均是先组装成一个整体，预调好后安装在车门上方。

（二）电动双开塞拉门结构

塞拉门的优点：由于塞拉门在关门或是开门状态时，门板外表面均可以与车体表面处于一个水平面上，所以使车体外形美观，运行时空气阻力小，不会因为空气涡流而产生噪声；塞拉门的密封性比外挂门和内藏门都好，可以减少车内噪声。通过试验比较，车辆在运行时塞拉门车内噪声比外挂门降低 2～3dB；此外，采用塞拉门还能够使车内的有效宽度增加，从而增大载客量。

塞拉门的缺点：由于塞拉门多了一个塞紧动作，结构比较复杂，价格比外挂门约高 20%。

当门完全关闭时，门扇和车辆外面相平，开门时，门扇开始时就进行横向＋纵向的复合运动，然后沿着车体侧面滑动直到完全打开的位置。塞拉门系统的工作原理图如图 2-5 所示。

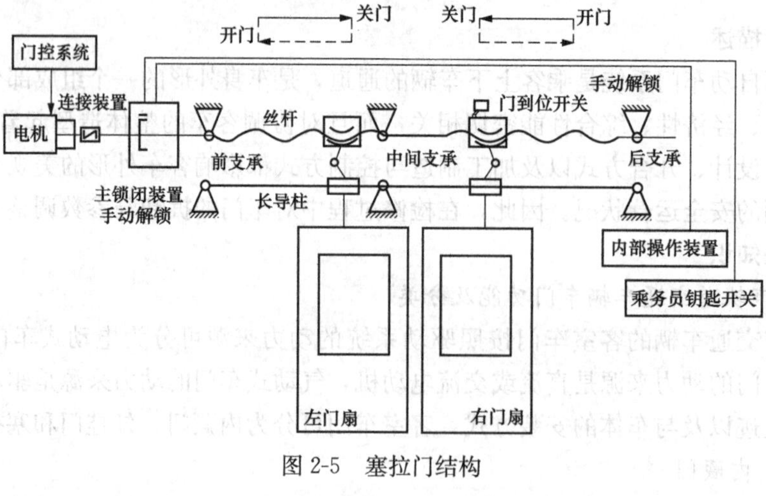

图 2-5　塞拉门结构

乘客自动车门结构如图 2-6 所示，具体组成部件可见表 2-3。

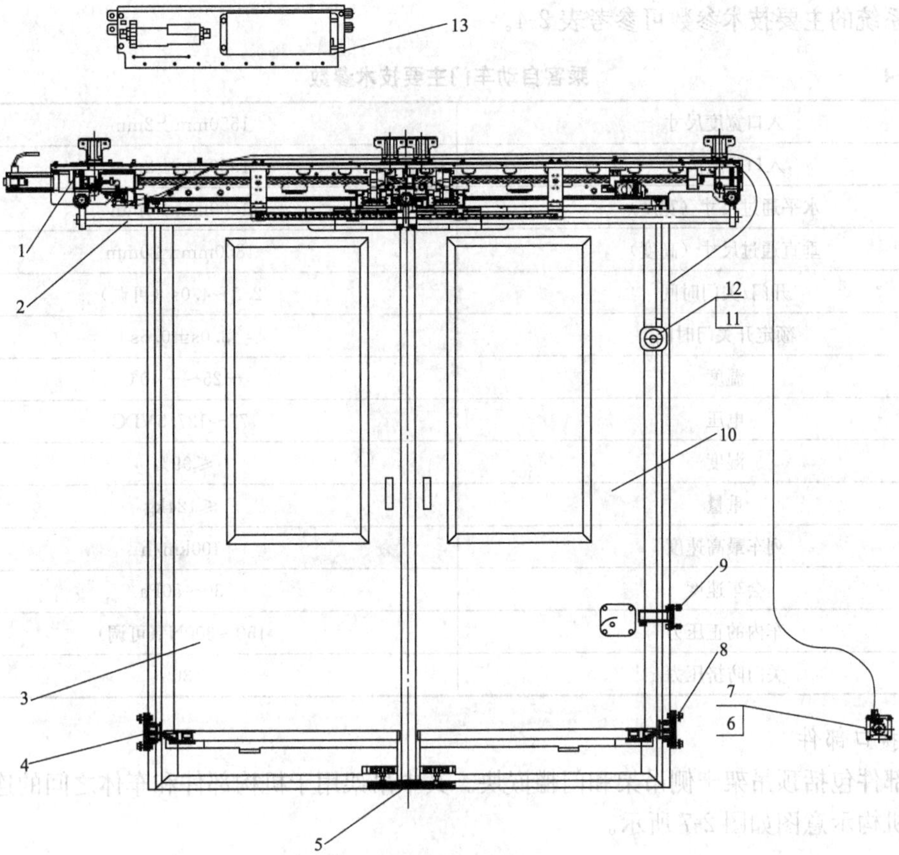

图 2-6　乘客自动车门

表 2-3　　　　　　　　　　**乘客自动车门组成部件**

序　号	名　　称	单　位	数　量	备　注
1	顶吊架＋侧吊架	件	4＋3	
2	承载驱动机构	套	1	
3	左门扇	扇	1	
4	摆臂组件（左）	套	1	
5	嵌块	块	1	
6	外操作装置	套	1	每辆车两套
7	外操作钢丝绳组件	套	1	每辆车两套
8	摆臂组件（右）	套	1	
9	隔离开关组件	套	1	
10	右门扇	扇	1	
11	内操作装置	套	1	
12	内操作钢丝绳组件	套	1	
13	EDCU 部件	套	1	
14	标准件	套	1	
15	各种调整垫片	套	1	

门系统的主要技术参数可参考表 2-4。

表 2-4　乘客自动车门主要技术参数

入口宽度尺寸	1550mm±2mm
入口高度尺寸	1860mm±2mm
水平通过尺寸（宽度）	1400mm±4mm
垂直通过尺寸（高度）	1860mm±10mm
开门/关门时间	2.5～4.0s（可调）
额定开关门时间	3.0s±0.5s
温度	－25～＋40℃
电压	77～137.5VDC
湿度	≤99%
重量	≤124kg
列车最高速度	100km/h
会车速度	30～50Pa
车内的正压力	150～300N（可调）
关门防挤压力	30

1. 接口部件

该部件包括顶吊架＋侧吊架和门槛嵌块。其中吊架用于机构部件和车体之间的连接。承载驱动机构示意图如图 2-7 所示。

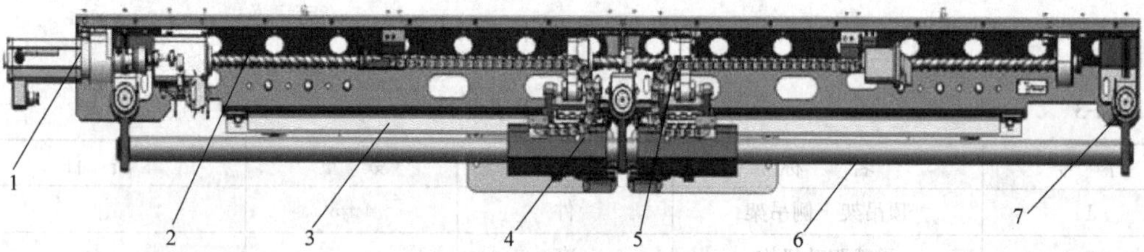

图 2-7　承载驱动机构

1—电机；2—丝杆；3—上导轨；4—携门架组件；5—传动螺母；6—横向导柱；7—纵向导柱

（1）长导柱：通过整个门机构的一个机架安装在车体结构上。该导柱承受门扇的所有重量并保证在开门和关门过程中，门扇与车体相平行。

（2）携门架部件：其结构组成如图 2-8 所示，携门架通过滚珠直线轴承在长导轨柱上滑动，它将力从机构传送到门扇，同时也可以将力从门扇传到机构。携门架与门扇通过螺钉固定，因此通过携门架将门扇的重量与动力传送到长导柱。在携门架和门板连接处的偏心调节装置是用来调节门扇“V”形的，而在携门架内部安装的偏心调节装置是用来调节门扇与车体间的平行度的。

（3）运行导向：门扇通过滑道实现设定的轨迹运动。上滑道安装在顶部机构上，携门架上的滚轮在滑动内运动。下滑道安装在门扇上，一个安装在车体结构上的滚轮摆臂装置与该滑道啮合，提供所要求的导向运动。

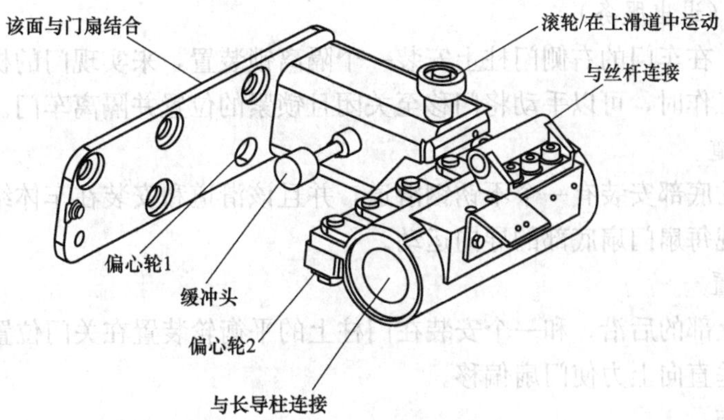

图 2-8 携门架部件

(4) 驱动部件：门的运动是通过一个带减速器的电机驱动丝杆（对于双门页，丝杆一半是右旋的，一半是左旋的）来实现。螺母和门扇相连，门扇通过携门架实现运动。

(5) 全程锁闭装置（图 2-9）：门系统的锁闭原理是制动器允许电机双向自由旋转，但限制丝杆向开门方向旋转。电机安装在制动器的主动轴端，丝杆安装在制动器的从动轴端。门系统正常工作时，电机带动丝杆双向自由旋转，从而实现门系统的自动开关过程。制动器同时设置了一个解锁支架，在无电或紧急情况时，通过操作这个解锁支架就能够解除制动器对丝杆的单向限定作用，可手动开门。

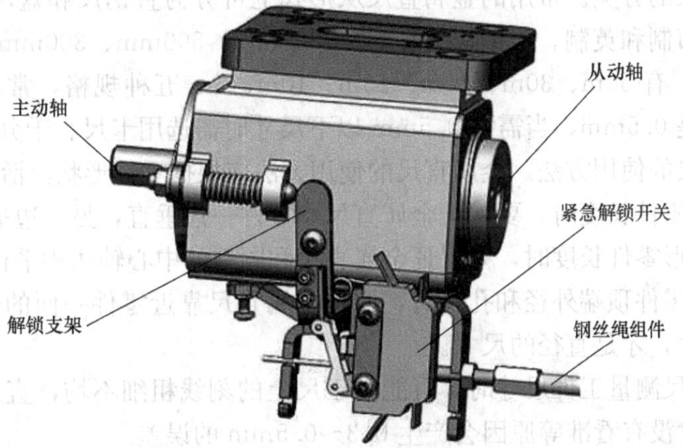

图 2-9 全程锁闭装置

2. 内部紧急解锁装置

为了在紧急情况时可以打开车门，在车辆的内侧墙上安装一个手柄，通过操作这个手柄就能启动紧急解锁开门，并发出“紧急操作”信号，通过牵拉绳索，门锁被释放，如果此时车辆门释放列车线有效，就能实现手动开门；但如果无效，电机会施加在关门方向一个力来阻止门被打开。紧急手柄可复位，复位后，门的开关操作回到正常状态。

3. 外部紧急解锁装置

在每节车厢的两个外侧面均设置一个紧急入口装置，用四方钥匙（7×7）操作。该装置的作用和内部紧急解锁装置的功能相同。

4. 门的隔离（退出服务）

从内往外看，在车门的右侧门柱上安装一个隔离锁装置，来实现门的机械隔离。当门出现故障不能正常工作时，可以手动将门移至关闭且锁紧的位置并隔离车门。

5. 门的下滑道

在每扇门扇的底部安装有一个不锈钢滑道，并且该滑道和安装在车体结构上的滚轮摆臂装置啮合，来实现每扇门扇底部的导向运动。

6. 平衡轮装置

在每扇门板上部的后沿，和一个安装在门柱上的平衡轮装置在关门位置上啮合，来防止由于任何可能的垂直向上力使门扇偏移。

三、任务实施

（一）准备工卡量具及耗材

工具箱、内六角扳手一套、开口扳手一套、尖嘴钳、斜口钳、一字螺丝刀、力矩扳手、尼龙绑带、卡簧钳、皮带张紧力测量模块、50N 的测力计、卷尺、金属直尺、游标卡尺、塞尺、SKF LGEP2 润滑脂、内外卡簧钳、干净抹布等。

（二）正确使用及维护工卡量具的方法

本节主要介绍金属直尺、游标卡尺、塞尺、内、外卡簧钳的正确使用和维护方法。

1. 金属直尺

金属直尺常被用来测量零件的长、宽、深、厚等尺寸。

（1）金属直尺的分类。常用的金属直尺从形式上可分为直钢尺和盒尺（卷尺）。其刻度有三种：米制、市制和英制。根据长度分为：1000mm、500mm、300mm 和 150mm 四种规格。盒尺（卷尺）有 50m、30m、20m、15m、10m、5m 五种规格，常用的是 2m 和 1m。尺上的最小刻度是 0.5mm，当需要 0.5mm 以下尺寸时需选用卡尺、千分尺等辅助测量。

（2）金属直尺的使用方法。金属直尺的使用方法应根据零件形状灵活掌握。

1）测量方形零件长度时，要保证金属直尺和零件一边垂直，另一边平行。

2）测量圆柱形零件长度时，要保证金属直尺和圆柱的中心轴线相平行。

3）测量圆形零件顶端外径和孔径时，要用金属直尺靠近零件一面的边线来回摆动，直到获得最大的尺寸，才是直径的尺寸。

4）用金属直尺测量工件尺寸时，可能由于尺上的刻线粗细不均，直尺在工件上方位没有摆放正确或尺寸没有看准等原因会产生 0.3～0.5mm 的误差。

金属直尺必须经常保持良好状态，不能损伤或弯曲，尺的端部和长边应相互垂直。

2. 游标卡尺

（1）游标卡尺的分类。游标卡尺可分为米制和英制两种，通常说的是米制游标卡尺。常见的游标卡尺如图 2-10 所示。

米制游标卡尺按照精度又可分为：0.02mm、0.05mm、0.1mm 三种，如图 2-11 所示。其中图 2-11（a）为 0.02mm 游标卡尺刻线原理，尺身上每小格为 1mm。当两测量爪并拢时，尺身上 49mm 处刻线与游标上第 50 格刻线向对齐，则：游标每格长度＝49÷50＝0.98（mm），那么尺身和游标每格长度相差＝1－0.98＝0.02（mm）。同理可说明其他精度游标卡尺的原理。

（2）游标卡尺的使用方法。

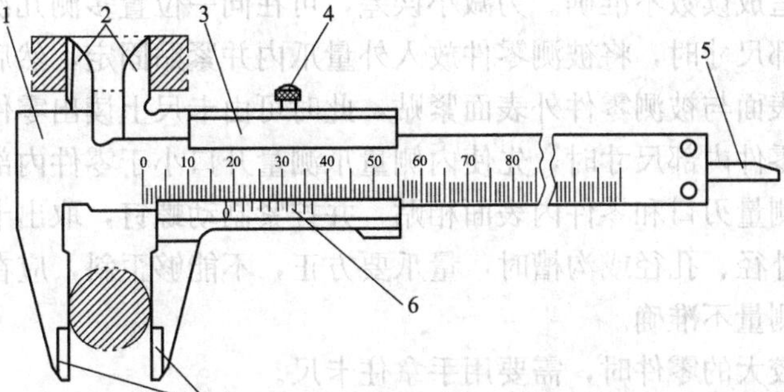

图 2-10　游标卡尺结构图

1—尺身；2—内量爪；3—尺框；4—紧固螺钉；5—深度尺；6—游标；7—外量爪

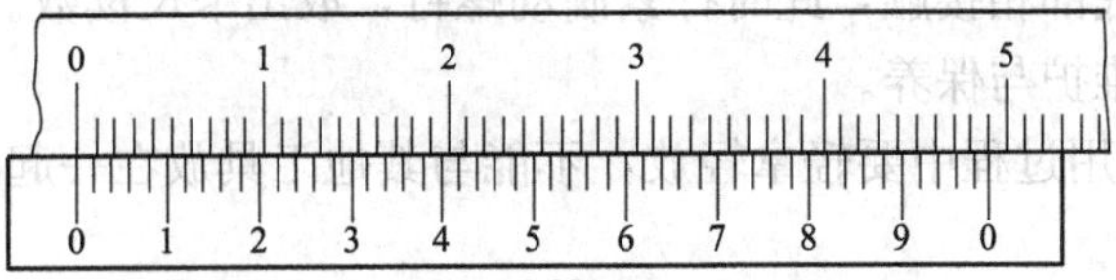

0.02mm

(a)

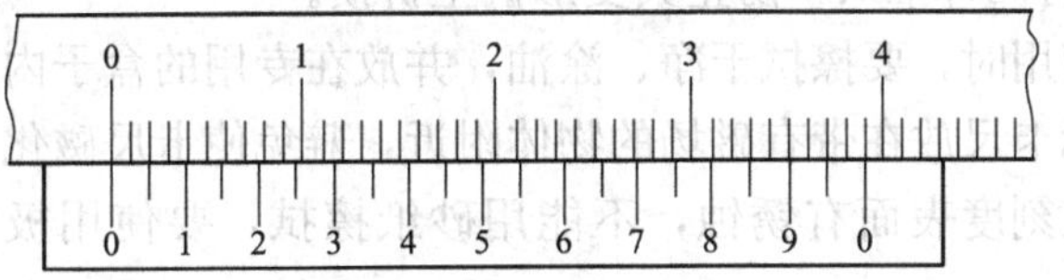

0.05mm

(b)

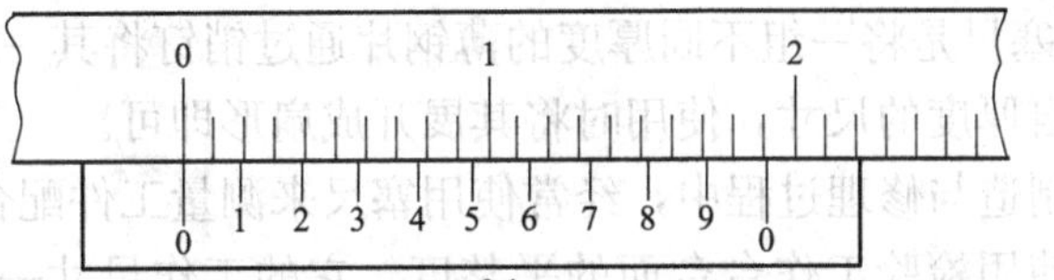

0.1mm

(c)

图 2-11　不同精度游标卡尺刻线原理图

1）使用前注意事项：

①检查有效期：有效期要在使用期限内。

②检查外观：擦拭并检查卡尺表面是否存在锈蚀、碰伤等缺陷，量爪是否平直无损，有无伤痕和毛刺。

③检查各部分的相互作用：推拉尺框，检查移动是否平稳、灵活。

④检查零位：将两量爪合拢，检查是否漏光，同时查看零位有没有对正。

⑤检查被测量部件表面不能有毛刺或损伤等缺陷，并清理干净测量面，避免影响测量精度。

2）使用过程。

①在卡尺上读取数值时，应尽量使卡尺朝向亮光处，并且读数视线要与尺面刻线相垂

直，避免视线歪斜造成读数不准确。为减小误差，可在同一位置多测几次取平均值。

②测量零件外部尺寸时，将被测零件放入外量爪内并紧贴固定，然后轻轻将活动量爪推过去，使两个量爪表面与被测零件外表面紧贴，此时可由卡尺上读出零件尺寸。

③同理，测量零件内部尺寸时，先使内侧量爪测量开口小于零件内部尺寸，而后缓慢移动活动量爪，使两测量刃口和零件内表面相贴，并拧紧制动螺钉，取出卡尺读数。

④在测量零件外径、孔径或沟槽时，量爪要方正，不能够歪斜，应在垂直于零件轴线平面进行测量，防止测量不准确。

⑤当测量尺寸较大的零件时，需要用手拿住卡尺。

⑥当使用游标卡尺来校准卡钳的测量尺寸时，应先将游标卡尺按照需要的尺寸进行定位，再将游标卡尺平放在手掌中调准卡钳。

⑦当测量零件孔（槽）深度时，卡尺要和零件孔（槽）的顶平面相垂直，再移动量爪，使深度尺和孔（槽）底部相接触，此时拧紧制动螺钉，取出卡尺读数。

（3）游标卡尺的维护与保养。

1）游标卡尺在使用过程中要轻拿轻放，不能与其他工具放在一起，尤其是手锤、锉刀、车刀等刃具。

2）游标卡尺在使用过程中要平放，避免使其主尺弯曲变形。带有深度尺的游标卡尺在使用完毕后，要及时将测杆推入，防止其变形甚至折损。

3）游标卡尺不使用时，要擦拭干净、涂油，并放在专用的盒子内。

4）不可以将游标卡尺放在带有磁场的物体附近，避免使卡尺磁化。

5）如果游标卡尺刻度表面有锈蚀，不能用砂纸擦拭，要使用极细的研磨膏进行擦拭修理。

3. 塞尺

如图 2-12 所示，塞尺是将一组不同厚度的薄钢片通过销钉将其一端组合起来而构成的。每张钢片上都刻有各自厚度的尺寸，使用时将其展开成扇形即可。

机械钳工在机械制造与修理过程中，经常使用塞尺来测量工件配合间隙的大小，或与平尺、等高垫块等配合使用检验工作台台面的平整度。它的工作尺寸一般为 0.02～1mm，测量时的精度为 0.01mm。

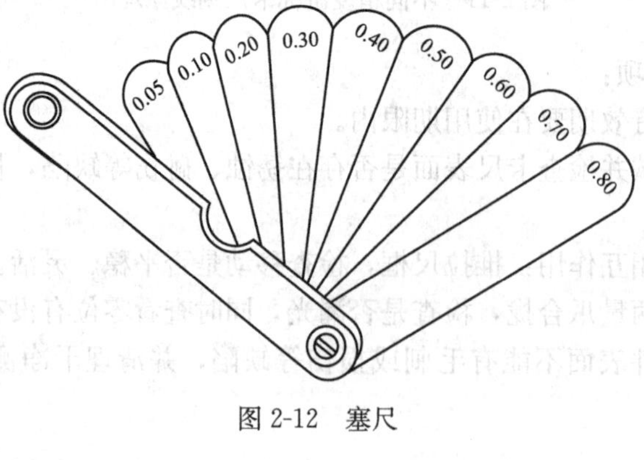

图 2-12　塞尺

目前国产成套塞尺的规格可见表 2-5。

表 2-5　　塞尺的规格

组　别	尺寸范围	尺　寸　排　列
1	0.02～0.10	0.02，0.03，0.04，0.05，0.06，0.07，0.08，0.09，0.10
2	0.03～0.50	0.03，0.04，0.05，0.06，0.07，0.08，0.09，0.10，0.15，0.20，0.25，0.30，0.35，0.40，0.45，0.50
3	0.03～0.50	0.03，0.04，0.05，0.06，0.07，0.10，0.15，0.20，0.30，0.40，0.50
4	0.05～1.00	0.05，0.06，0.07，0.08，0.09，0.10，0.15，0.20，0.25，0.30，0.40，0.50，0.75，1.00
5	0.50～1.00	0.50，0.55，0.60，0.65，0.70，0.75，0.80，0.85，0.90，0.95，1.00

在使用塞尺进行间隙测量时，应先用较薄的试塞，逐渐加厚，也可以多张组合使用。

由于塞尺厚度较薄，容易折断和生锈，使用时需细心。使用完毕要立即擦拭干净，并及时合到夹板里。

4. 内、外卡簧钳

如图 2-13 所示，卡簧钳是一种用来安装内簧环和外簧环的专用工具，外形上属于尖嘴钳一类，钳头可采用内直、外直、内弯、外弯形式，不仅可以用于安装簧环，也能用于拆卸簧环。卡簧钳分为外卡簧钳和内卡簧钳两大类，分别用来拆装轴外用卡簧和孔内用卡簧。

常态时钳口打开的是内卡簧钳，常态时钳口闭合的是外卡簧钳。

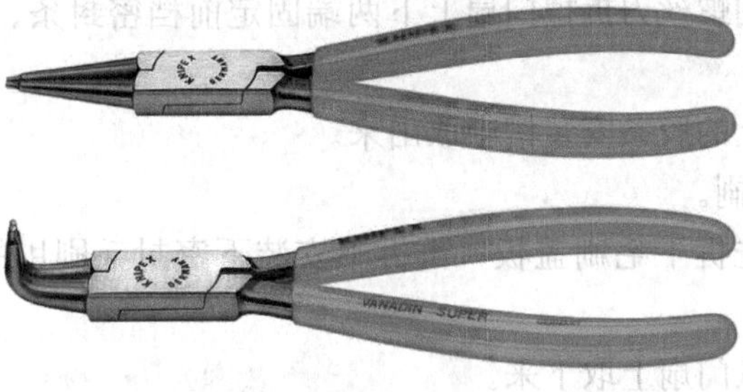

图 2-13　卡簧钳

（三）力矩设置

（1）当没有指定要求时，拧紧力矩要求符合表 2-6。

表 2-6　　拧紧力矩要求值

螺纹直径（mm）	5	6	8	10	12
力矩（N·m）	5.1±0.5	8.8±0.88	21±2.1	44±4.4	75±7.5

（2）指定扭矩设置如图 2-14 所示。

（四）拆卸电动双开塞拉门

在准备进行操作前，一定要保持车辆不能移动，将需要维护的门断电，打开需要维护的门附近的罩盖。

1. 拆卸门扇

（1）使门位于开门位置。

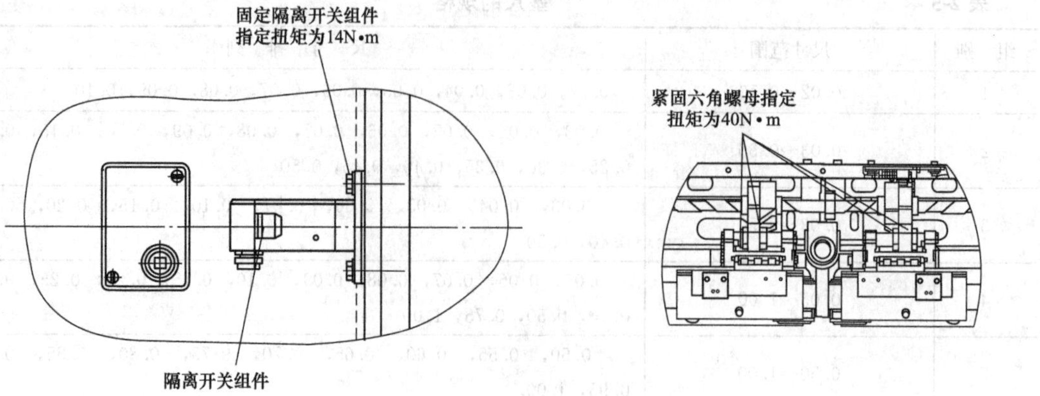

图 2-14　指定扭矩设置图

(2) 打开顶罩，关闭电源。

(3) 用内六角扳手松开门扇上的接地螺钉，拆下接地线。

(4) 拧下铰链板上的紧固螺钉。

(5) 松开承载轮、防跳轮上防松螺母，使承载轮刻度线在上，防跳轮刻度线在下。拆除门扇后可能会出现螺母铰链组件下垂的危险，所以拆卸时任何人不要站在正下方。

2. 拆卸所有的门密封件

(1) 拆卸前档密封条、后缘密封条。

1) 拆卸门扇后，用螺丝刀拆掉门扇上下两端固定前档密封条、后缘密封条的十字槽盘头自攻螺钉。

2) 将胶条从门扇上的胶条安装槽中取出来。

(2) 拆卸下密封毛刷。

1) 用内六角扳手先拆下毛刷盖板，再拆下安装下密封毛刷用的内六角圆柱头螺钉（6个）。

2) 将下密封毛刷从门扇上取下来。

(3) 拆卸上密封毛刷。

1) 在门外侧用螺丝刀拆掉安装上密封毛刷用的 DIN7047 十字槽半沉头螺钉 M5×10-A2-70（8 个）。

2) 将压板和上密封毛刷从车体上取下来。

(4) 拆卸上密封短毛刷：将左右门扇拆下，将上密封短毛刷从车体取下来即可。

(5) 拆卸下减磨条。

1) 敲出下减磨条上的 2 个弹性圆柱销，如图 2-15 所示。

2) 将下挡两边的下减磨条取下。

3) 清洁下挡和减磨条之间的贴合面。

4) 使用销钉把下减磨条固定在门板下挡上。

3. 拆卸承载驱动机构

(1) 拆卸承载机构。

1) 拆除机构顶盖和左右门柱。

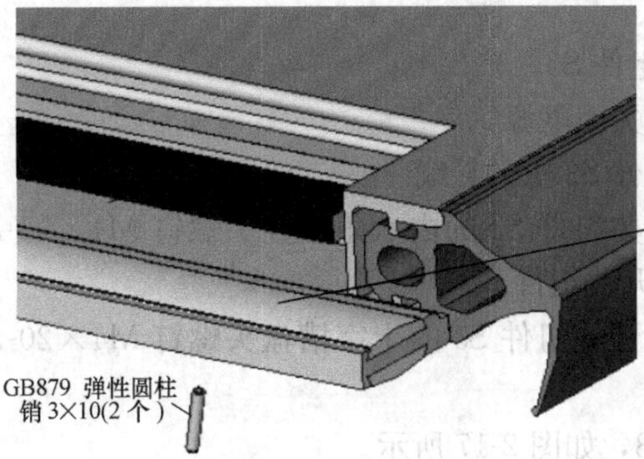

图 2-15　弹性圆柱销

2）拆卸门扇。

3）拆除电源连接电缆。

4）松开机构的禁锢螺钉。

5）用起重设备支撑承载机构。

6）拆卸整个承载机构。

（2）拆卸缓冲头支架上的橡胶缓冲头。

1）将门置于关闭位置。

2）旋开缓冲头上的防松螺母。

3）拆卸橡胶缓冲头。

（3）拆卸隔离锁开关组件 S2，如图 2-16 所示。

1）将门打开，关闭电源。

2）拆除隔离锁开关组件 S2 上的电缆。

3）拆除固定隔离锁开关的内六角圆柱头螺钉 M4×30（2 个）及碟形垫圈（2 个）。

4）拆下隔离锁开关。

（4）拆卸门到位开关组件 S4，见图 2-16。

1）将门打开。

2）关闭电源，拆除门到位开关组件上的电缆。

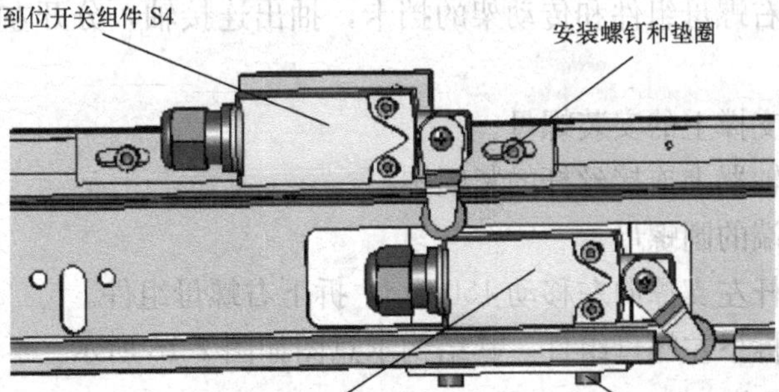

图 2-16　隔离锁开关组件

3）松开固定开关组件 S4 的内六角圆柱头螺钉 M4×35 及碟形垫圈（2 处），将门到位开关从门到位开关板上拆除。

（5）拆卸紧急解锁开关组件 S3。

1）让门处于打开状态，关闭电源。

2）断开紧急解锁开关组件 S3 上的导线。

3）松开固定紧急解锁开关组件 S3 的内六角圆柱头螺钉 M4×16-A2-70（2 个）和碟形垫圈（2 个），拆下紧急解锁开关组件。

4）在松开固定紧急解锁开关组件 S3 的十字槽盘头螺钉 M4×20-A2-70（2 个）和碟形垫圈（2 个）。

5）取下紧急解锁开关 S3，如图 2-17 所示。

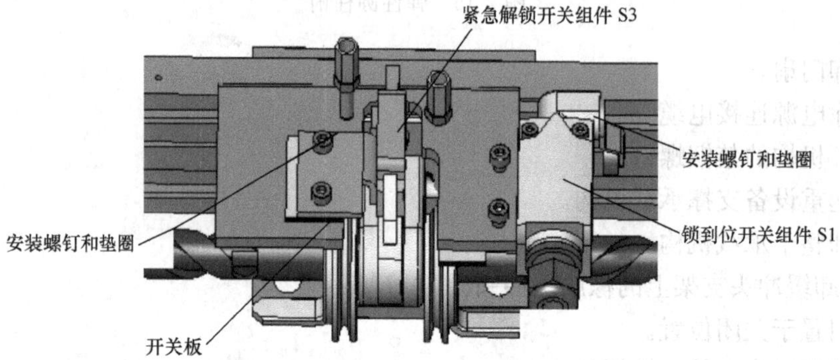

图 2-17　紧急解锁开关

（6）拆卸锁到位开关组件 S1。

1）将门打开，关闭电源。

2）断开锁到位开关组件 S1 的导线。

3）松开固定锁到位开关组件 S1 的内六角圆柱头螺钉 M4×30 及碟形垫圈（2 处）。

4）取下锁到位开关 S1，如图 2-17 所示。

（7）拆卸左右螺母组件。

1）使门扇处于半开的状态，关闭电源。

2）打开机构顶盖。

3）拆下连接左右螺母组件和传动架的挡卡，抽出连接轴，分开左右螺母组件和传动架之间的连接。

4）松开丝杆左支撑上的安装螺母。

5）松开弹性联轴器上连接丝杆的紧固螺钉。

6）松开丝杆左端的圆螺母。

7）将丝杆和丝杆左支撑向左移动 150mm，拆下右螺母组件。

8）旋转丝杆，拆下左螺母组件。其结构示意图如图 2-18 所示。

4. 拆卸其他零部件

（1）拆卸弹性联轴器。

1）松开电机支架在上导轨上的安装螺钉。

2）松开弹性联轴器上的紧固螺钉。

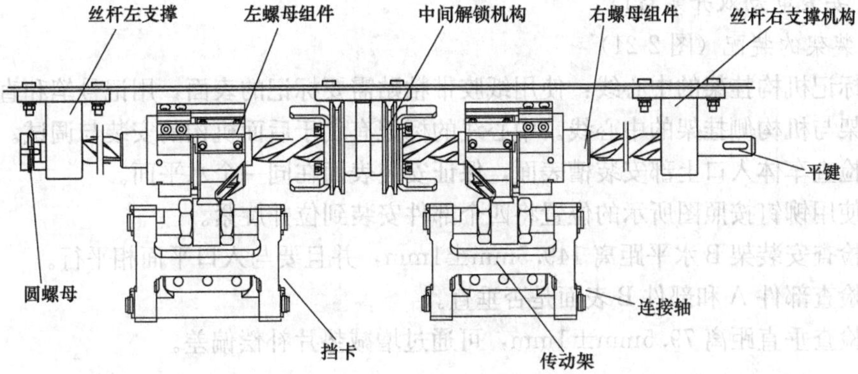

图 2-18　丝杆配合部件

3）取下电机和电机支架组件。

4）取下弹性联轴器。

（2）拆卸钢丝绳。

1）关闭电源。

2）松开解锁组件上和内操作装置上的紧固螺钉，如图 2-19 所示。

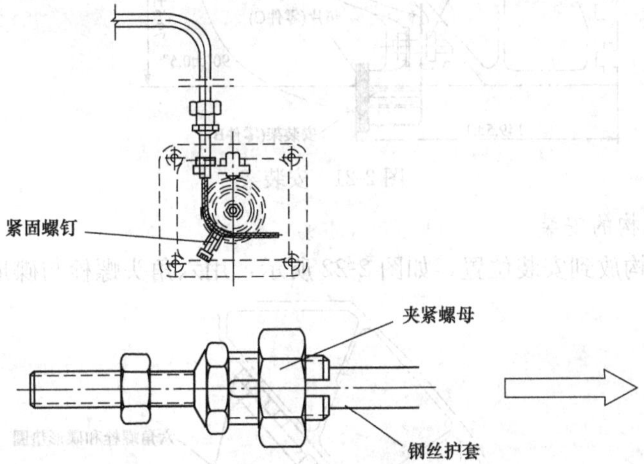

图 2-19　松开紧固螺钉

3）在解锁组件下部抽出钢丝绳。

4）松开调节器上的夹紧螺母。

5）拔出钢丝绳外部的护套。

（3）拆卸辅助支撑。

1）用内六角扳手松开固定在车体上的螺钉。

2）拆除辅助支撑，如图 2-20 所示。在拆除过程中必须保护门扇和车体表面，避免碰撞门扇表面，造成损伤。

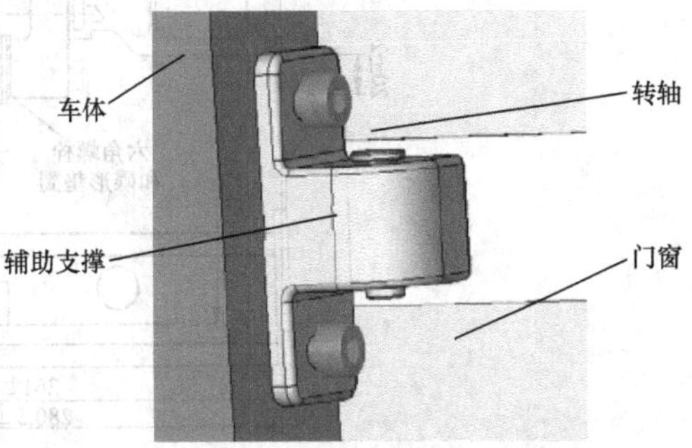

图 2-20　辅助支撑

（五）安装电动双开塞拉门

1. 安装架的装配（图 2-21）

（1）标记机构挂架的中心线：使用纸胶带粘贴需要标记的表面，用记号笔和直角尺画出机构上挂架与机构侧挂架的中心线。中心线的标记有利于后面机构的安装与调试。

（2）检查车体入口上部安装槽表面，保证安装表面在同一个水平面。

（3）使用铆钉按照图所示的位置将四个部件安装到位并旋紧。

（4）检查安装架 B 水平距离 149.5mm±1mm，并且要与入口平面相平行。

（5）检查部件 A 和部件 B 表面是否垂直。

（6）检查垂直距离 79.5mm±1mm，可通过增减垫片补偿偏差。

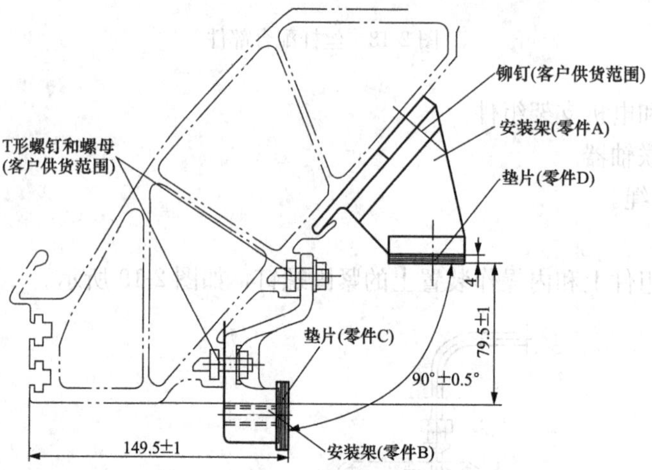

图 2-21　安装架

2. 承载驱动机构的安装

（1）将顶部机构放到安装位置，如图 2-22 所示，用六角头螺栓与碟形圈紧固。

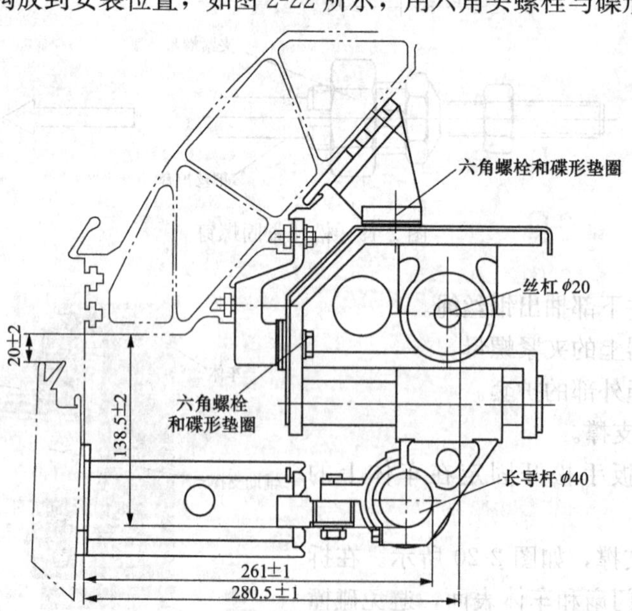

图 2-22　承载驱动机构

（2）水平方向的调整：使用铅锤在长导柱整个长度方向检查水平尺寸 261mm，差值波动不能超出±1mm，丝杆两端尺寸 280.5mm±1mm，如图 2-22 所示。

（3）垂直方向的调整：使用铅锤在导杆整个长度方向测量垂直尺寸 138.5mm，差值波动不能超出±2mm。

（4）完成两个方向的调整后，旋紧紧固螺栓（交替旋紧两个方向的螺钉）。

3. 安装摆臂组件

摆臂组件的安装示意图如图 2-23 所示，两侧入口设定 4 个垫片，摆臂组件通过螺栓、碟形垫圈、大垫圈和螺母安装到入口上。保证 M10 螺钉的中心到密封倾斜角外侧距离为 55mm±1mm，而密封倾斜角之间的距离为 1590mm±2mm，通过增减垫片数量保证安装表面之间距离为 1658mm±1mm。

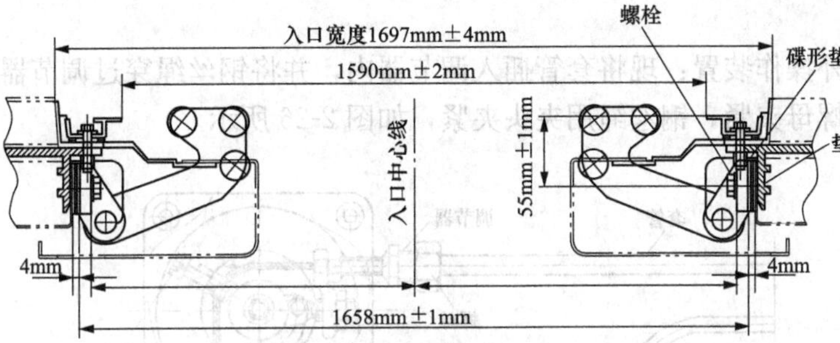

图 2-23　摆臂组件

4. 安装门扇

（1）安装前，稍微松开下滑道螺钉，保证安装人员可以使下滑道左右移动；在紧固螺钉和内六角螺钉上涂抹润滑脂；拆下两个门扇下部的挡销支架和挡销；将压轮旋转到最高位置。

（2）将下滚轮摆臂组件的一个滚轮放入门扇下滑道中。

（3）将携门架抬升到位，再将携门架上滚轮塞到滑道中。

（4）抬起门扇，将圆柱销对准携门架上的圆孔，用橡胶榔头敲击携门架来紧固门扇。在安装过程中注意携门架和门扇表面之间的碰撞，防止造成油漆表面损伤。

（5）用紧固螺钉和隔圈将门扇紧固在携门架上。

（6）将偏心轮放入携门架上的纵向孔中，使用润滑脂润滑，再使用内六角沉头螺钉紧固，如图 2-24 所示。

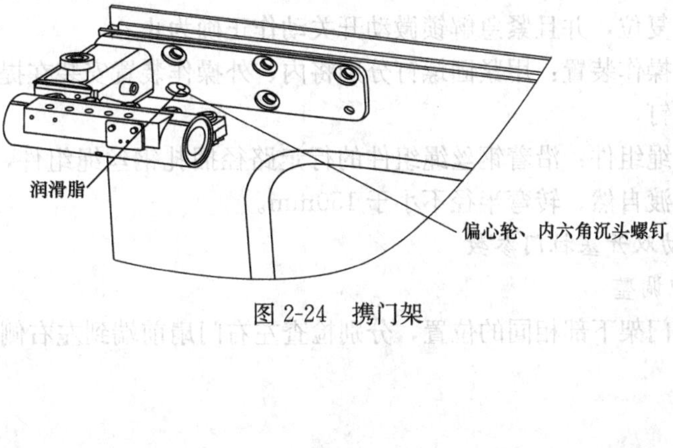

图 2-24　携门架

5. 安装内操作装置和外操作装置

（1）安装钢丝绳组件：先在钢丝绳上涂一层润滑脂，再分别将内、外钢丝绳组件穿入预定的安装通道内如图 2-25 所示。

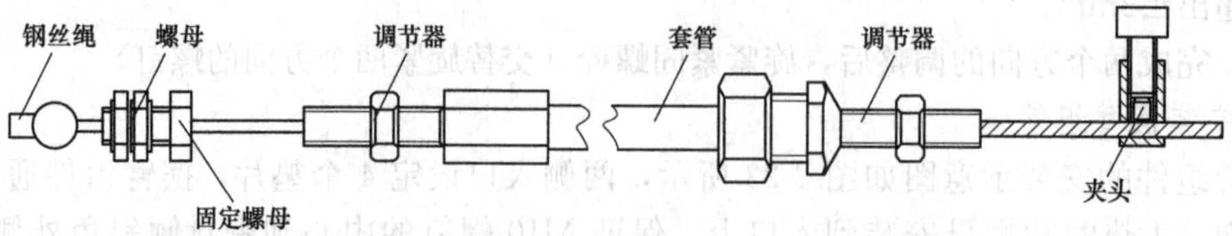

图 2-25　丝杆组件

（2）连接紧急解锁装置：将内外钢丝绳组件的调节器旋入位于制动器的紧急解锁装置上。

（3）连接内外操作装置：现将套管插入调节器内，并将钢丝绳穿过调节器，套管在装置中被夹住，通过螺母夹紧，钢丝绳用夹头夹紧，如图 2-26 所示。

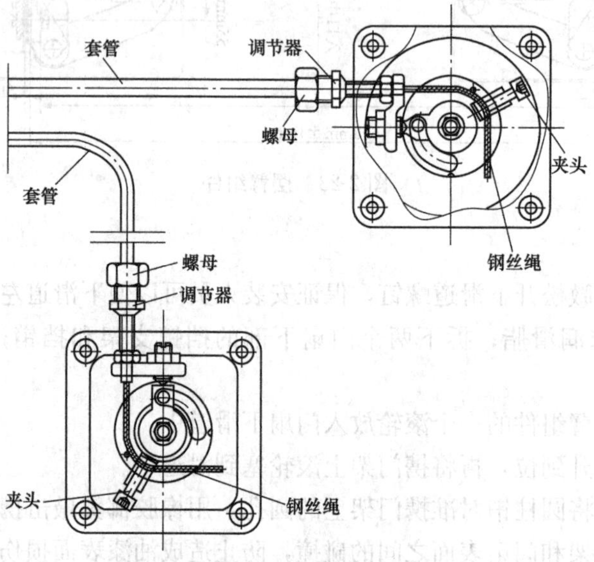

图 2-26　内外操作装置

（4）调节钢丝绳的张紧度：通过调节调节器和夹头，以及钢丝绳伸出的长度来调节钢丝绳的张紧程度。通过四方钥匙多次操作外操作装置的锁芯和旋转内操作装置把手，直到调整到可以正确解锁、复位，并且紧急解锁微动开关动作正确为止。

（5）安装内外操作装置：用紧固螺钉分别将内、外操作装置安装在提供的孔里，并用乐泰 243 锁固紧固螺钉。

（6）捆扎钢丝绳组件：沿着钢丝绳组件的行走路径捆扎钢丝绳组件，防止其随意移动。要求排列美观、过渡自然、转弯半径不小于 150mm。

（六）调整电动双开塞拉门参数

1. 门扇的对中调整

（1）在靠近携门架下部相同的位置，分别检查左右门扇前端到左右侧压条的横向距离。

(2) 根据测量的结果，通过松开旋转防松螺母和旋转螺纹套进行左右门扇的对中调整，然后使用 40N·m 的力矩紧固防松螺母。

(3) 当左右携门架上的滑轮不能同步进出滑道圆弧弯轨处或进出时阻力很大时，主要通过整体横向移动左右上滑道来实现，具体方法如下：

1) 稍微松开左右上滑道的前后紧固螺母和中间过渡板的固定螺钉，其位置关系如图 2-27 所示。

2) 根据实际需要整体横向移动左右上滑道来保证携门架上的滑轮能够同时进出上滑道圆弧弯轨处。

3) 拧紧左右上滑道连接板上的固定螺钉和左右上滑道后部的紧固螺母。

4) 分别微调左右上滑道的前部、后部腰型孔，保证左右携门架上的滚轮同步进出上滑道圆弧弯轨处时滚轮和上滑道的同一侧（内侧、外侧）接触，门系统的运动平滑，没有卡滞现象。

5) 调整完成后，使用 44N·m 的力矩，紧固上滑道的前后紧固螺母，使用 21N·m 的力矩，紧固左右上滑道连接板的固定螺钉。

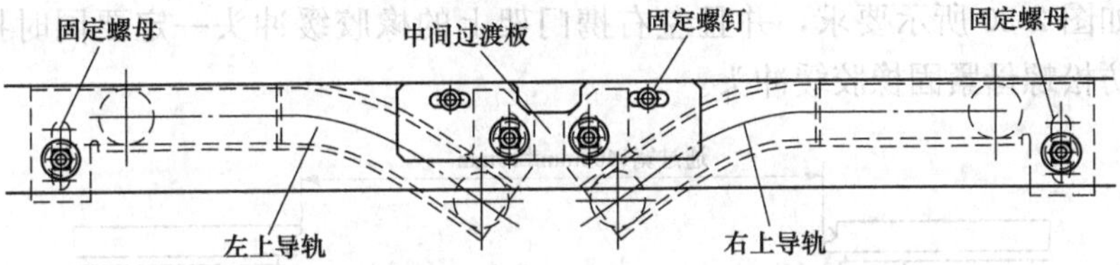

图 2-27　门扇对中

2. 门扇平行度调整

找出携门架和滑筒组件连接处一个偏心轮，用扳手微松携门架上的五个螺钉，再旋转偏心轮，使门板外侧和密封面平行，调整完成后旋紧偏心轮上的紧固螺钉。

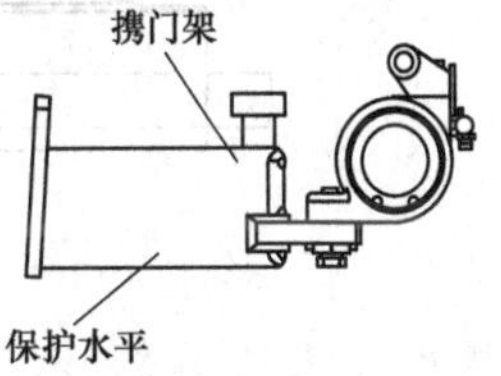

3. 门扇的 V 形调整

调整门扇的 V 形是要求两页门扇上部要比下部大 2～5mm，如图 2-28 所示。松开两个下滑道，确保门扇没有被滚轮摆臂组件夹持住。转动每个携门架连接板上的偏心轮进行调试，调试完后再用扭矩扳手按规定值 44N·m 紧固螺钉。

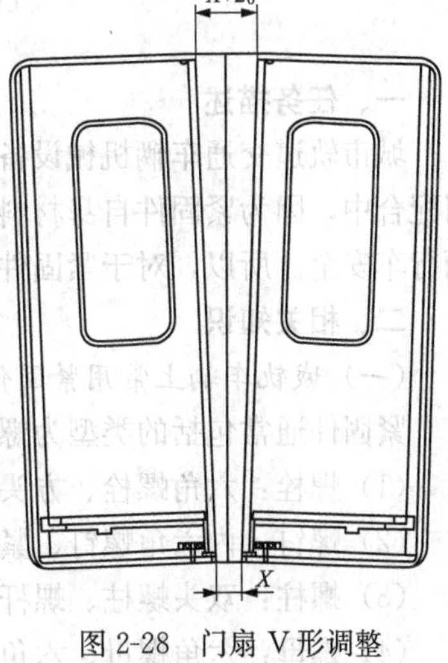

图 2-28　门扇 V 形调整

4. 门扇的高度调整

(1) 门扇关闭时，门扇上沿和车体入口门框上沿间隔额定值是 20mm±2mm，胶条和密封压条边缘 13.5mm，门扇下沿密封条和门槛至少重叠 12mm，如图 2-29 所示。

(2) 保证门扇运动时，上密封倾斜角和门板间没有碰撞。

(3) 可通过增减顶部机构上的垫片来进行调试。

(4) 调试完后，用扭力扳手按照而定力矩加固机构上

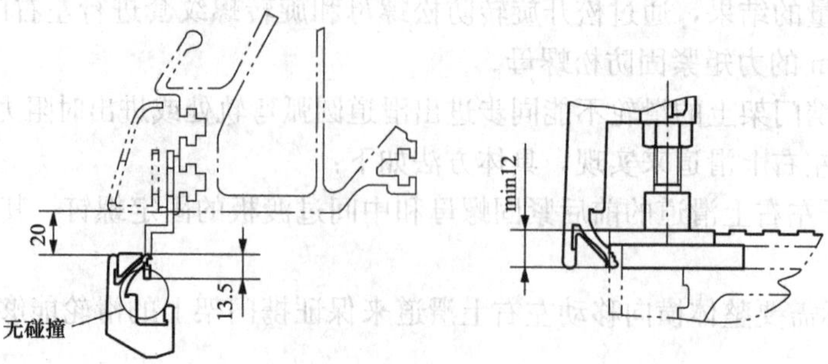

图 2-29　门扇高度调整

的紧固螺钉。

（5）禁止使用乐泰 243 加固。

5. 门打开宽度的调整

当门向打开方向移动要到位时（约 5mm 处），用手旋转丝杆慢慢地使门向打开方向移动至最大处，测量门的打开宽度。根据测量结果，通过调节携门架上橡胶缓冲头的螺纹旋进长度，达到如图 2-30 所示要求，并且左右携门架上的橡胶缓冲头一定要同时接触到门框，调整后，用防松螺母紧固橡胶缓冲头。

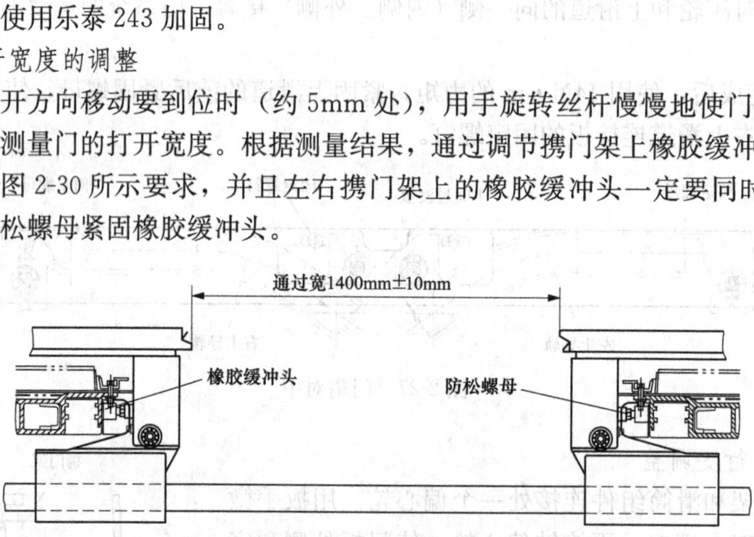

图 2-30　门扇宽度调整

任务三　处理故障紧固件

一、任务描述

城市轨道交通车辆机械设备配合中紧固件的使用必不可少，小零件大作用。在长期的使用配合中，因为紧固件自身材料的不同以及工作环境的不同将会出现多种故障，直接威胁车辆行车安全。所以，对于紧固件的维护显得尤为重要。

二、相关知识

（一）城轨车辆上常用紧固件分类

紧固件通常包括的类型为螺栓、螺钉、螺柱、螺母、垫圈、挡圈、销等。

（1）螺栓：六角螺栓、方头螺栓、T 形螺栓。

（2）螺钉：内六角螺钉、紧定螺钉、盘头、沉头、半沉头、自攻钉、自动自钻钉。

（3）螺柱：双头螺柱、螺杆、全螺纹螺柱。

（4）螺母：六角螺母、六角法兰面螺母、盖形螺母、自锁螺母。

(5) 垫圈：普通、加大、加大加厚、方斜垫片、防松垫片。

(6) 挡圈：轴用、孔用、锯齿。

其中，城市轨道交通车辆常用的主要是六角螺栓（图 2-31）、六角螺母（图 2-32）、各种垫圈（图 2-33）。

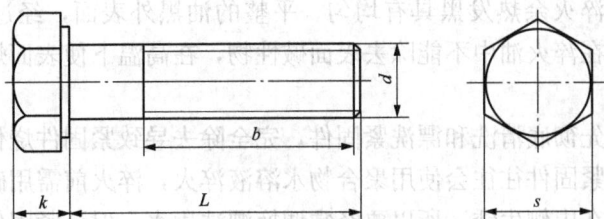

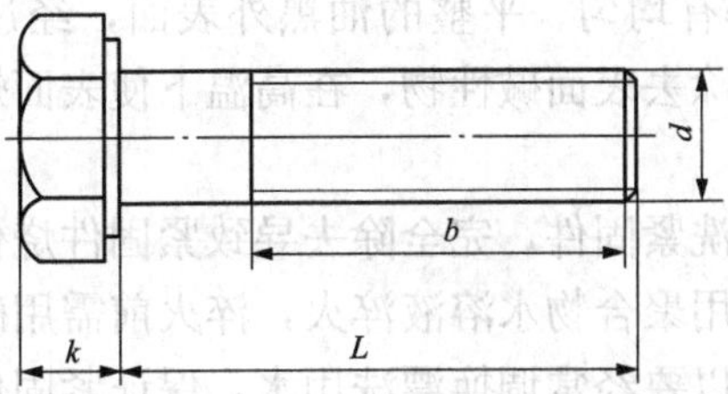

图 2-31　六角螺栓

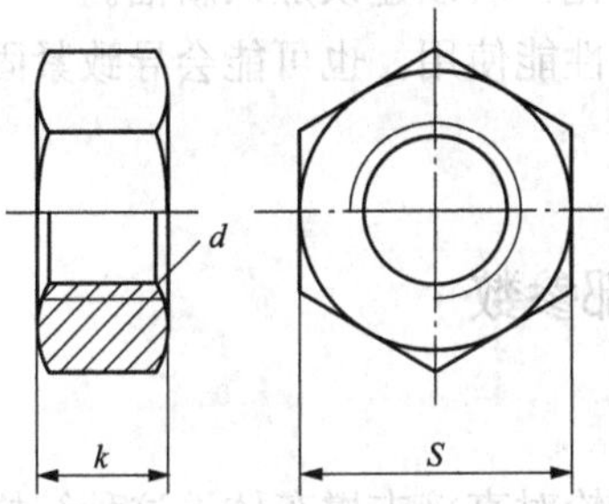

图 2-32　六角螺母

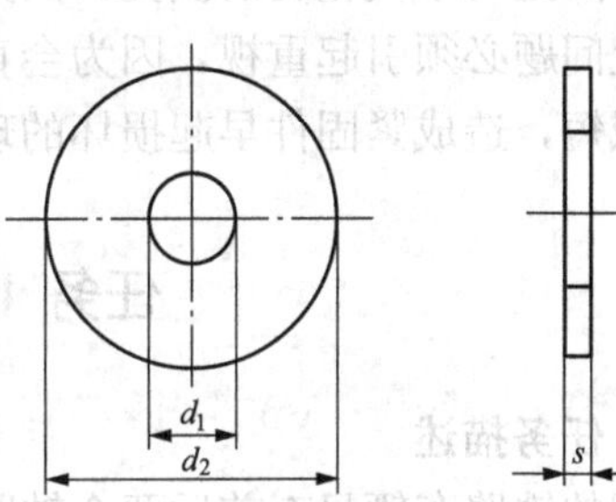

图 2-33　垫片

（二）城轨车辆上常用紧固件故障

在城市轨道车辆上的紧固件由于配合面间存在剪切力，容易产生裂纹，若不及时发现，裂纹进一步扩展将导致螺钉或螺杆等紧固件断裂；同时，螺纹尖端相互配合处在安装、拆卸及配合中会因为力的作用产生磨损，导致紧固件的松动甚至脱落；此外，在铝合金及钛合金制的紧固件上常发生锁死现象，这几类金属合金本身有防锈蚀的特性，会在表面受损伤时，在金属表面产生一层薄薄的氧化层（以奥氏体不锈钢而言，就是氧化铬）来防止进一步更深入的锈蚀，当不锈钢紧固件被锁紧时，牙纹间所产生的压力与热力会破坏并抹去其间的氧化铬层，使得金属牙纹直接发生阻塞/剪切，进而发生黏着的现象。

当黏着现象持续发生时（通常不超过一圈完整牙径），将使得不锈钢紧固件完全锁死，再也无法卸下或锁上。此外还存在变形、滑牙、缺牙、锈蚀等故障。轻微的故障将有碍部件功能的实现，严重的故障可能导致事故的发生。

三、任务实施

紧固件虽小，但作用巨大，作为紧固连接的重要机械零件，需要定期进行维护保养，这样才能保证紧固件发挥更好的性能作用，更加安全的使用，并且延长它的使用寿命，提高机械设备的使用性能。而为了防止紧固件出现一些问题，在进行紧固件日常维护的时候，一定要注意以下几个要点：

(1) 在对紧固件进行淬火处理后，要使用硅酸盐清洗剂清理上面的杂质，接着仔细进行漂洗，避免在紧固件上面残留杂质，影响到它的正常应用。

(2) 紧固件在回火处理后，可能会出现变色的迹象，将紧固件泡在乙醚中一段时间以后，会有油状物质产生，出现这样的情况就表明紧固件不够干净。分析后可知是因为紧固件加热时堆放不合理，导致紧固件在淬火油中出现轻微的氧化。

(3) 在紧固件上面如果有白色的物质，很可能是磷化物。出现这种现象的原因是由于没有使用酸性清洗机进行清洁，而且对漂洗槽检查不够彻底。

(4) 高强度螺钉淬火余热发黑具有均匀、平整的油黑外表面，经过检测为碱烧伤引起的。所以钢铁紧固件在淬火油中不能除去表面碱性物，在高温下使表面烧伤，并在回火时加重伤害。

建议在热处理前先彻底清洗和漂洗紧固件，完全除去导致紧固件烧伤的碱性残留物。

(5) 对于大规格紧固件往往会使用聚合物水溶液淬火，淬火前需用碱性清洗机清洗并漂洗，淬火后紧固件已在内侧生锈。所以要经常调换漂洗用水，保证紧固件在漂洗不会生锈。

(6) 高强度紧固件经常会看到一些黑色条纹为表面残留物的污染物，是烤干了的淬火油，在淬火过程中气相物的演变。因为淬火油易过度老化，所以建议加入新油。

以上问题必须引起重视，因为会直接影响到紧固件性能使用，也可能会导致紧固件的使用寿命减短，造成紧固件早起损坏的现象等。

任务四 测量走行部参数

一、任务描述

早期的铁路车辆只有前后两个轴距固定的轮对，由轮对直接支撑车体。这种结构不利于车辆通过曲线，载重也比较小，为了解决这个问题，转向架应运而生。装有转向架的车辆能够增大载重量，同时车辆的曲线通过能力得到很大的改善。

转向架是车辆重要组成部件之一，其作用主要包括：支撑车体，传递载荷；保证车辆顺利通过曲线；传递牵引力和制动力；缓和冲击和振动，提高乘坐的舒适性。因此，需要定期对走行部各部件进行检查与维修，以满足车辆安全运行的要求。

二、相关知识

(一) 走行部结构组成

城市轨道交通转向架一般分为动车转向架和拖车转向架两种，如图 2-34 所示为动车转向架结构。为了检修时相同部件可以互换，其结构基本相同，动车转向架和拖车转向架的不同处是前者带有驱动系统，可以为车辆提供动力。

一般动力转向架主要由构架、轮对轴箱装置、弹簧减振装置（一系弹簧装置和二系弹簧装置）、制动装置、中央牵引装置、驱动系统等组成。各部件的作用主要如下：

(1) 构架：是转向架的骨架，承受和传递垂直方向和水平方向的力。

(2) 轮对轴箱装置：轮对直接向钢轨传递车辆的重量，通过车轮与钢轨间的黏着力实现车辆在钢轨上的运行。构架与轮对通过轴箱连接，轴箱不但可以保证轮对正常的转动，还可以使轮对适应不同线路条件。

(3) 弹簧减振装置：主要功能是缓和和衰减车辆的振动和冲击，提高车辆运行的平稳性和乘客乘坐舒适性。城市轨道交通车辆的弹簧减振装置主要由一系悬挂（位于轮对和构架间）、二系悬挂（位于转向架和车体之间）、减振器和其他减振部件组成。

(4) 制动装置：由制动缸传来的力经系统放大若干倍后传递给闸瓦，使其压紧车轮，让

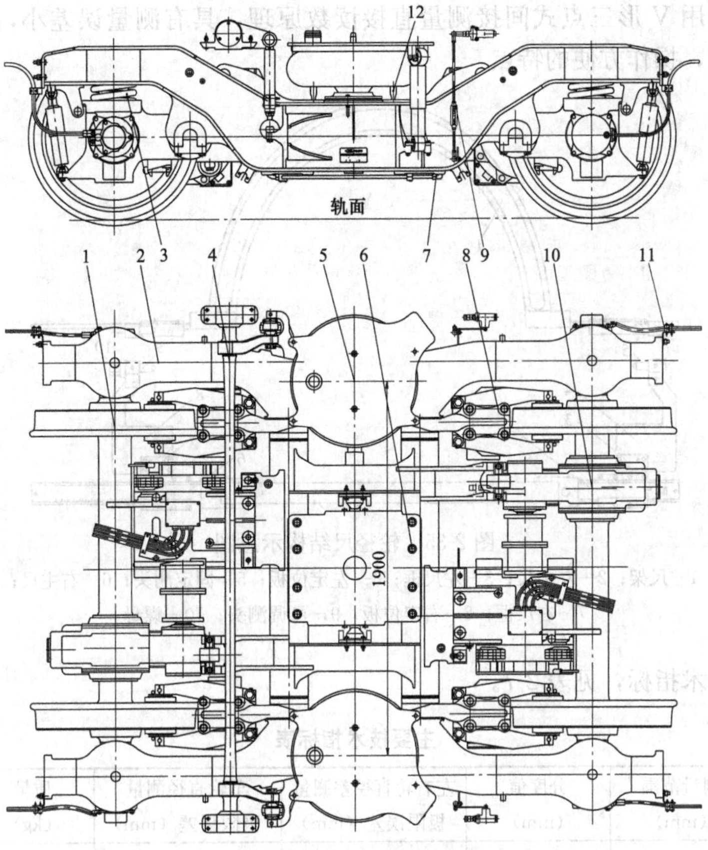

图 2-34　动车转向架

1—动车轮对轴箱装置；2—构架；3— 一系悬挂装置；4—抗侧滚装置；
5—二系、横向悬挂装置；6—牵引装置；7—转向架空气管路；8—基础制动装置；
9—高度调节装置（二阀）；10—驱动单元装配；11—动车转向架电器装置；12—整体起吊装置

车辆减速或停止。

（5）中央牵引装置：用来传递车体与转向架间的垂向力和水平力（包括纵向的牵引力和制动力，横向力如通过曲线时车体未平衡的离心力），保证车辆在通过曲线时可以与转向架间实现回转。

（6）驱动装置：将动力装置的功率最后传递给轮对。

（二）走行部维修项目

本章主要以某地铁公司转向架为例来介绍转向架的维修，重点介绍构架的检修、轮对轴箱的检修、弹簧减振装置的检修等项目。

三、任务实施

（一）工卡量具的使用方法

所需的工卡量具主要有：数字压力计、金属直尺、尖嘴压杆式油枪、第四种测量仪、轮对内测距尺、轮径尺等。

1. 轮径尺

地铁车辆轮径测量仪用于测量城市地铁车辆车轮滚动圆直径，设计有机械指示数和数显式读数两种方式，都可以直接读出直径值，如图 2-35 所示。

该测量仪采用V形三点式间接测量直接读数原理，具有测量误差小，示值稳定性好，易读数，重量轻，操作方便的特点。

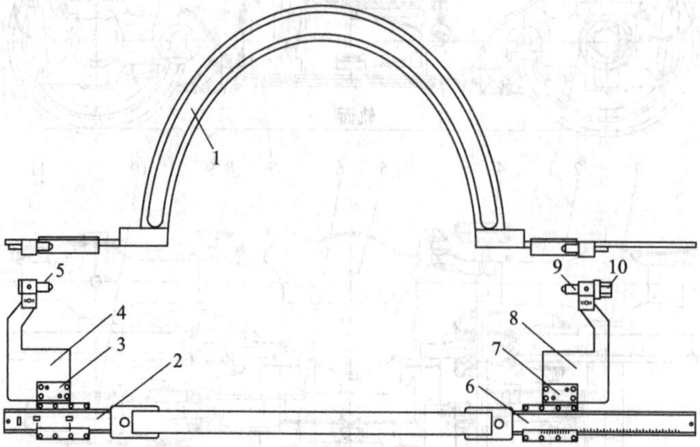

图 2-35　轮径尺结构示意图

1—尺架；2—左主尺；3—左尺框；4—左定位板；5—固定测头；6—右主尺；7—右尺框；8—右定位板；9—可调测头；10—螺母

（1）主要技术指标，见表 2-7。

表 2-7　　主要技术指标表

型号	测量范围（mm）	分度值（mm）	左右轮直径差测量极限误差（mm）	车轮直径测量极限误差（mm）	质量（kg）	标准圆名义直径（mm）
GF922-DT	760～860	0.1	0.15	−0.5～0	1.4	810

（2）使用方法：用紧固螺钉将左主尺框零位固定在 750mm 处；将检查器定位板与轮缘内侧面靠紧，平移测尺，使左测头紧靠滚动圆中心处；移动右尺框，使可调测头靠紧滚动圆中心处，拧紧尺框紧固螺钉；以右主尺上下排数 750mm 处为起点，在游标上直接读数，即为轮径值。

（3）注意事项：

1）量具严防磕碰、摔伤等现象，以免影响量具的尺寸精度。

2）校对杆每次用后，两端头涂防锈油，以免腐蚀。

3）轮径尺使用后，应平放在盒内。

2. 第四种检查器

车辆车轮第四种检查器用于测量各种型号车辆车轮踏面圆周磨耗、轮缘厚度、轮缘高度、轮辋厚度、轮辋宽度、轮缘垂直磨耗、踏面擦伤深度和长度、踏面剥离深度和长度、车轮碾宽等参数。如图 2-36 所示为 LLJ-4D 型车轮第四种检查器。

（1）测量范围。轮周磨耗：0～7mm；轮缘高度：22～37mm；轮辋厚度：0～90mm；轮辋宽度：70～146mm；擦伤、剥离长度：0～90mm；车轮碾宽：3～6mm。

（2）测量精度。轮辋厚度、踏面擦伤长度、踏面剥离长度、车轮碾宽：1mm；轮缘高度、轮缘厚度、踏面磨耗值、踏面擦伤深度、踏面剥离深度、轮辋宽度：0.1mm。

（3）操作步骤：见本任务“车轮的几何型面检查”中的具体介绍。

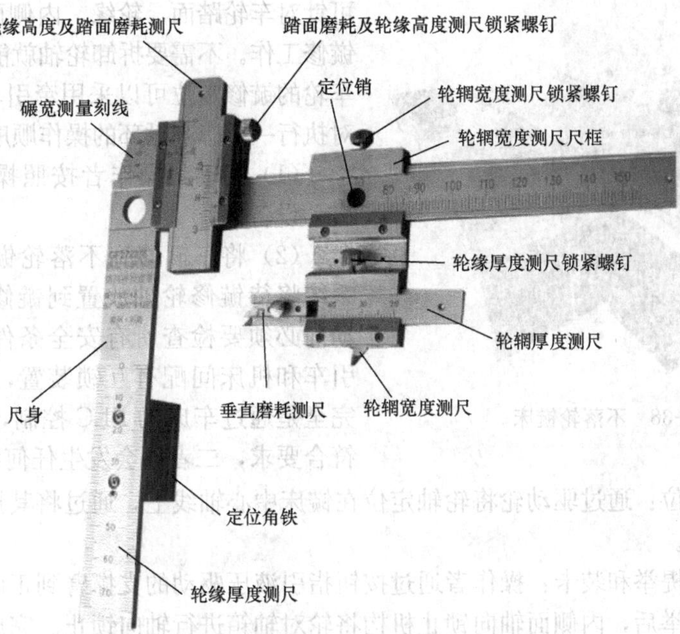

图 2-36　LLJ-4D 型车轮第四种检查器各部件名称

3. 轮对内测距量尺

轮对内测距量尺是测量轮对内测距离的专用量具，其测量范围为 1345～1365mm，如图 2-37 所示为 LLJ-NJ-A 型内距尺，由原壁钢管、带有调整尺寸的测量头、0.5mm 刻线分度尺及放大镜等组成。

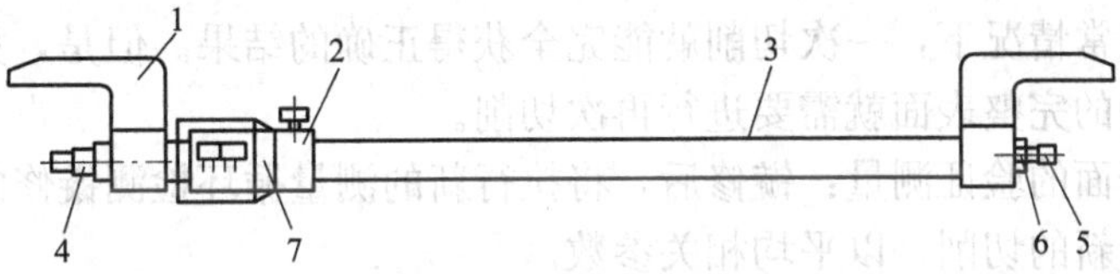

图 2-37　轮对内测距尺

1—限位钩；2—示值标套；3—尺身；4—活动测杆；5—调整测头；6—锁紧螺母；7—放大镜

（1）使用方法：

1）将定位钩放在车轮轮缘上。

2）将轮对内测距尺的固定测头和活动测头靠在被测车轮内侧，摆动轮对内矩尺活动测头，寻找读数拐点，即读数最小值。当读数为最小值时，该读数即为被测轮对内侧距离。

3）锁紧定位螺钉，读取数据。使用轮对内测距尺检测轮对内距，分别间隔 120°检测三次，并计算三处轮对内距差不超过规定限度。

（2）注意事项：

1）量具严防磕碰、摔伤等现象，以免影响量具的尺寸精度。示值标套内经常放置一些润滑油，保证活动测杆在内活动灵便。

2）使用后，应将量具放置在包装盒内。

4. 不落轮镟床

如图 2-38 所示为达诺巴特集团数控不落轮车床，适用于轨道交通修正维修的专用设备。

图 2-38　不落轮镟床

可针对车轮踏面、轮缘、内侧面及刹车盘面进行镟修工作。不需要拆卸轮轴就能够完成以上工作。车轮的镟修定位可以采用牵引车定位方式。现针对执行一个车削循环的操作顺序进行介绍。

(1) 启动：操作者按照操作手册描述步骤启动设备。

(2) 将车辆移到不落轮镟床上：通过拖动系统将待镟修轮轴放置到镟修位置，在进行移动前必须要检查所有安全条件均满足要求。牵引车和机床间配有互锁装置，二者的安全管理完全是通过车床的 PLC 控制，如果安全条件不符合要求，二者不会发生任何移动。

(3) 精确定位：通过驱动轮将轮轴定位在镟床中心轴线上，通过将其提升移动，纵轴可以实现自动定位。

(4) 轴箱的提举和装卡：操作者通过按钮指引液压驱动的支撑臂到正确的装卡位置。当两侧车轮均被提举后，内侧面轴向锁止机构将轮对轴箱进行轴向锁止。完成后，通过锁定及驱动加载，转向架在垂直方向上被锁止。而其预紧力大小可以通过主控制面板进行调节。

(5) 系统稳定性确认与保证：在移动伸缩导轨前，待镟修的轮轴车轮由自动设为转动，来检测装卡单元的稳定性。

(6) 测量循环：当此步骤完成时，将进行自动测量循环，主要通过机电式测头（或选项的激光测量系统）及轮径测量系统进行测量。当两侧车轮的测量完成时，CNC 系统将计算并建议最经济踏面镟修方式。

(7) 镟修：正常情况下，一次切削就能完全获得正确的结果。但是，如果车轮伴有严重瑕疵，要获得正确的完整表面就需要进行再次切削。

(8) 轮径及踏面的验证测量：镟修后，将执行新的测量循环检测镟修的结果，也可用于判断是否需要进行新的切削，以平均相关参数。

(9) 解除锁止，移动轮轴。

(10) 生成镟修报告。

（二）构架的检修

1. 构架的目测检验

目测检验主要检查构架有无损坏、安装的部件是否牢固。需要检查的内容主要包括：

(1) 检查构架是否存在裂纹、腐蚀以及撞击磨损等损坏。

(2) 检查各部件安装是否牢固、辅助部件是否安全或丢失。若发现部件损失或松动，需按相应要求进行更新或重新拧紧螺栓。

(3) 检查油漆是否被损坏，必要时按规定重新油漆。

2. 构架尺寸测量

当转向架被严重撞击或列车脱轨后必须进行尺寸测量，其测量示意图如图 2-39 所示。结合图和表测量出各部位的尺寸值，必要时，需将各值调整到公差范围之内，见表 2-8。

（三）轴箱的拆装

轴箱由轴箱体、轴箱轴承、轴箱盖、密封圈、各类传感器、紧固件等组成。轴箱的作用主要是构架、轮对和一系悬挂间的连接纽带，其中一系悬挂下部支座传递牵引力、制动力和车辆的重力。

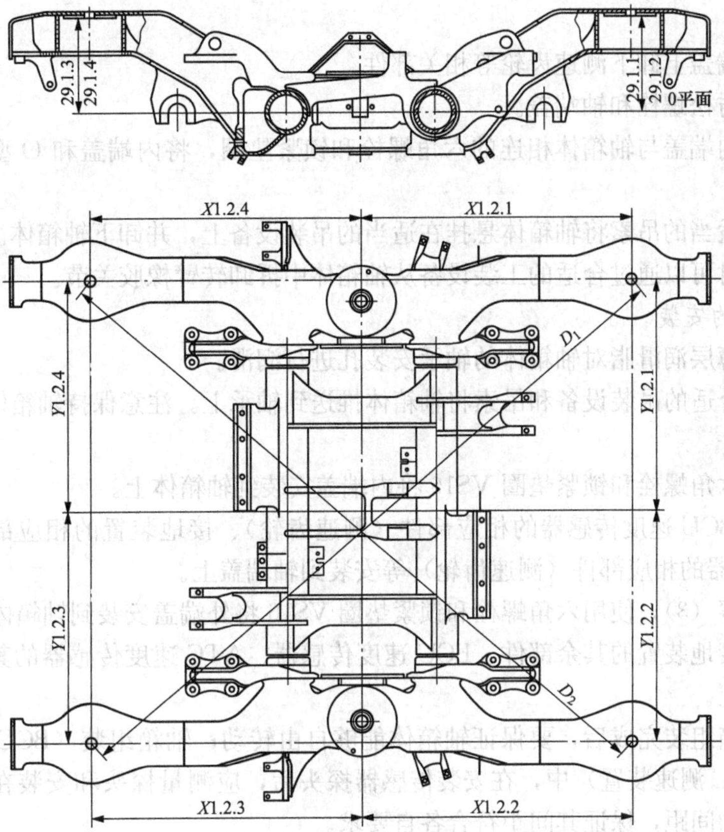

图 2-39　转向架测量示意图

表 2-8　　转向架测量值及公差值

序　号	坐标参数	尺寸组	尺寸值	上偏差	下偏差
1	X	X1.2.1	1250	+1	−1
		X1.2.2	1250	+1	−1
		X1.2.3	1250	+1	−1
		X1.2.4	1250	+1	−1
2	Y	Y1.2.1	1050	+1	−1
		Y1.2.2	1050	+1	−1
		Y1.2.3	1050	+1	−1
		Y1.2.4	1050	+1	−1
3	Z	Z9.1.1	431	+2	−2
		Z9.1.2	431	+2	−2
		Z9.1.3	431	+2	−2
		Z9.1.4	431	+2	−2
4	D	$\lvert D_1-D_2\rvert$		≤4	

1. 轴箱组件的拆卸

(1) 清洗轴箱体与相邻组件的外部，保证没有污染源进入到 CBTU 轴箱轴承内。

（2）从轴端拆卸下专用设备 ATC 组件和 BCU 组件，以及接地装置等设备。

（3）卸下外端盖和轴箱体相连接的六角螺栓和锁紧垫圈，再从轴箱体上卸下外端盖和 O 型密封圈。

（4）从轴端盖上卸下测速齿轮等相关部件。

（5）卸下防松螺栓和轴端盖。

（6）卸下内端盖与轴箱体相连的六角螺栓和锁紧垫圈，将内端盖和 O 型密封圈从轴箱体旁移开。

（7）通过适当的吊索将轴箱体悬挂在适当的吊装设备上，并卸下轴箱体。

（8）必要时可以通过合适的工装设备从轴箱体中拆卸转臂橡胶关节。

2. 轴箱体的安装

（1）先用薄层润滑脂对轴箱体的轴承安装孔进行润滑。

（2）通过合适的吊装设备和吊索将轴箱体推送到轴承上。注意保持轴箱体和轴径中心线对准。

（3）使用六角螺栓和锁紧垫圈 VS16 将内端盖安装到轴箱体上。

（4）再将 BCU 速度传感器的相应部件（测速齿轮）、接地装置的相应部件（接触盘）、ATC 速度传感器的相应部件（测速齿轮）等安装到轴端盖上。

（5）同步骤（3），使用六角螺栓和锁紧垫圈 VS16 将外端盖安装到轴箱体上。

（6）再将接地装置的其余部件、BCU 速度传感器、ATC 速度传感器的其余部件安装到相应的外端盖上。

注意：轴箱组装完成后，要保证轴箱体能够自由转动；轴箱组装（BCU 测速装置）和轴箱组装（ATC 测速装置）中，在安装传感器探头后，应测量探头和安装在轴端盖上的测速齿轮齿顶间的间距，保证其间距符合各自要求。

（四）轮对的检修

轮对的作用是将车轮的滚动运动转变成车辆的平移，并且传递多个方向的力，包括竖直方向的车辆重力和水平方向的牵引力与制动力。大修和架修对轮对检修的内容相同。本节主要介绍对车轮的检修。在检修期间，对车轮进行测量检查要精确，以确保车轮磨耗被实时监控，保证车辆可以在特殊线路和正常运行条件下安全运行。车辆检修人员有责任对车轮磨耗和相应允许的极限做出判断。

轮对的维护任务时间周期（广州地铁 3 号线）见表 2-9。

表 2-9　　维护任务时间周期

走行里程	时间间隔	维护任务	车间人员	
			人数	资质
12 000km	每月一次	目视检查	1	M
		检查车轮	1	M
75 000km	每半年一次	检查车轴	1	M
		检查轮径差	1	M
		检查轮缘磨耗	1	M
150 000km	每年一次	检查轮对内侧距	1	M
		详细检查各紧固件	1	M

1. 目视检查

车轮直径如图 2-40 所示。

检查轮对是否存在损伤，各紧固件是否存在松动现象。对其质量要求如下：

(1) 检查动车轮对和拖车轮对的紧固件是否松动，若发现有松动部件，应按照相应检修要求重新紧固。

(2) 检查将轴箱紧固到构架上的防松标记，如果发现紧固件松动，应按照标准重新紧固。

(3) 检查车轮踏面、辐板和车轴是否存在裂纹、裂缝或变形等损伤，若有损坏应按照相应要求更换车轮、车轴。

(4) 检查漆面是否受损，如果发现有锈蚀或漆面损坏等情况，应按要求重新喷漆。

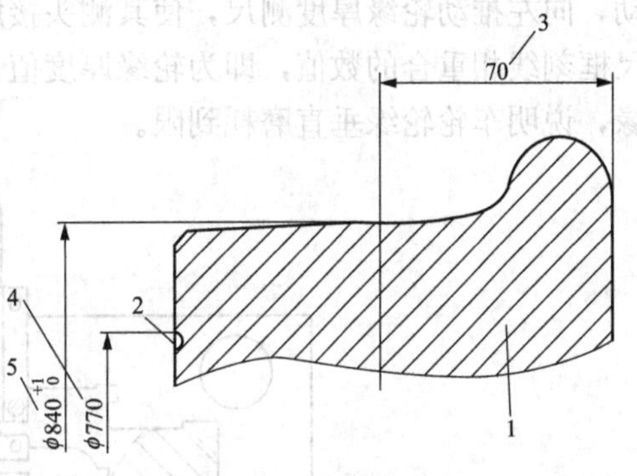

图 2-40　车轮直径

1—车轮；2—凹槽；3—滚动面直径；4—磨耗极限；5—新车轮

(5) 检查车轮的磨耗情况，磨耗极限位 770mm，由一个凹槽来标识。

2. 检查车轮

(1) 轮毂部分检查。主要检查轮毂部分是否存在放射状裂纹，该类型裂纹可能削弱车轮在车轴上的夹紧力。如果不能确定是否存在裂纹，可通过磁粉探伤进行确认。另外，检查注油孔内的堵塞是否密封完好，如果丢失，应清洁注油孔并安装一个新的堵塞并密封。

(2) 滚动面缺陷检查。必须检查滚动面是否存在以下缺陷，并测量其损伤情况是否超过各自容限。确保磨耗没有达到极限，若到了磨耗极限，应按要求更换车轮。磨平小于 30mm；凹槽长度小于 30mm，深度小于 1.5mm；裂纹无缺陷；凸起小于 3mm；翻转（等周长）小于 5mm。如果车轮存在超出各自容限的缺陷或裂纹，必须对车轮进行镟修消除缺陷或裂纹。

(3) 轮缘缺陷检查。检查轮缘是否存在轮缘外侧面裂纹和内侧面裂纹。若轮缘存在上述裂纹，则需按要求更换受损车轮。

(4) 车轮与轮座结合部位的检查。如果发现结合部位有松动，需要将二者分解重新装配、压装。

(5) 车轮的几何型面检查。如图 2-40 所示，在对车轮进行几何型面检查时应采用专用的检查工具，如轮径尺、轮对内侧距测量尺、轮缘形状专用测量尺、轮缘高度/厚度测量尺、轮缘尺寸专用测量仪、车轮轮辋侧面鼓起专用测量仪等。

1) D_0，滚动圆在距离车轮内侧面 70mm 处。

2) d，使用轮径尺测量车轮直径。地铁车辆新车轮的公称直径为 840mm，采用磨耗型踏面，允许车轮磨耗最小直径为 770mm，并在轮辋上刻有一沟槽标记。

轮径差要求满足条件：同一轴≤1mm，同一转向架≤3mm，同一辆车≤6mm，否则一定要进行镟轮。

3) 踏面圆周磨耗及轮缘高度测量，如图 2-41 所示。移动轮辋宽度测尺尺框，使定位销落入销孔内，然后锁紧其锁紧螺钉。将定位角铁与车轮内侧面密贴，并使轮辋宽度测头与车轮踏面接触（这两步是使用车轮第四种检查器的基本步骤）。推动踏面磨耗测尺使其测量面与车轮轮缘接触，以左边游标读取踏面磨耗值，从右边游标读取轮缘高度值。

4）轮缘厚度及垂直磨耗测量，如图 2-41 所示。完成踏面圆周磨耗测量后，检查器不动，向左推动轮缘厚度测尺，使其测头接触轮缘，读取轮缘厚度测尺上面主刻线和轮缘厚度尺框刻线相重合的数值，即为轮缘厚度值。测量轮缘厚度的同时，如果垂直磨耗测头接触轮缘，说明车轮轮缘垂直磨耗到限。

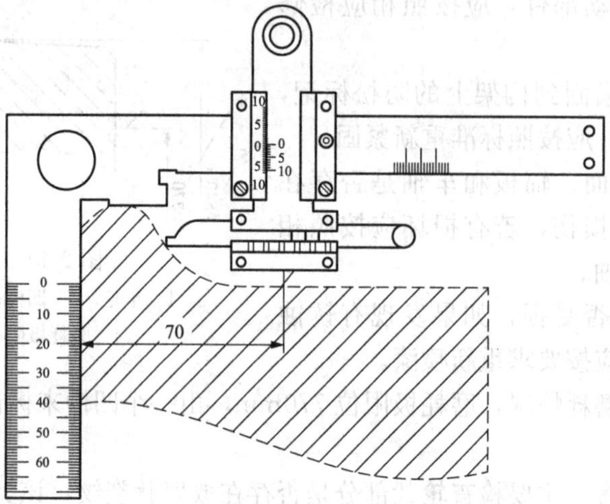

图 2-41　踏面圆周磨耗及轮缘高度测量示意图

5）轮辋厚度测量，如图 2-41 所示。将检查器如同 3）中所述正确放置后，读取轮辋厚度测尺刻线中与轮辋内侧边缘对齐的数值，该值即为轮辋厚度。

6）轮辋宽度测量，如图 2-42 所示。将踏面圆周磨耗测尺尺框推至轮辋宽度测尺附近；向下推动踏面圆周磨耗测尺，使其测头越过踏面；向左推动踏面圆磨耗尺尺框，使下部测头贴靠（或指向）车轮外侧面；读取踏面圆周磨耗侧尺尺框左侧面对应轮辋宽度测尺的数值，即为轮辋宽度，如果踏面有辗宽，应减去踏面展宽数值，即为轮辋实际宽度。

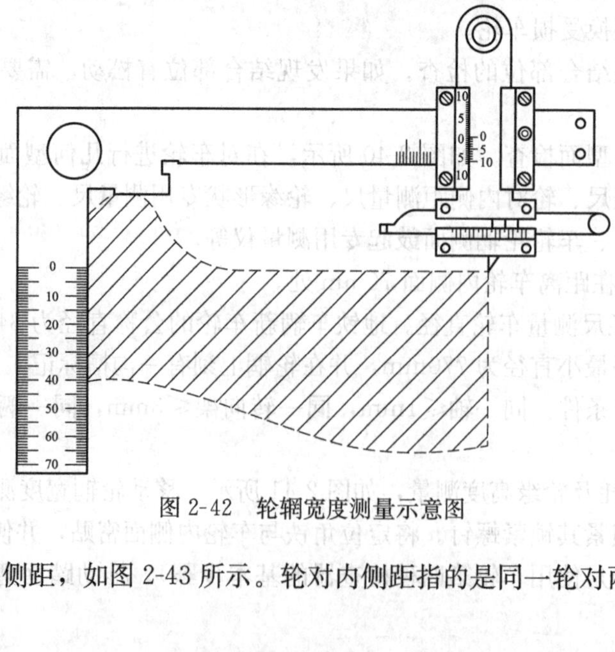

图 2-42　轮辋宽度测量示意图

7）测量轮对内侧距，如图 2-43 所示。轮对内侧距指的是同一轮对两个车轮的轮辋内侧端面之间的距离。选用适当的测距仪分别在两个车轮距离轮缘顶部 60mm 的部位选取三个呈 120°分布的点，测量三点间距离。在使用过程中，内侧距的容限为：内侧距极限（空车）为 1353＋3/0mm；三次测量值之间的误差不大于 2mm。如果车轮内侧距超过最大容许限值，需要更换车轮。

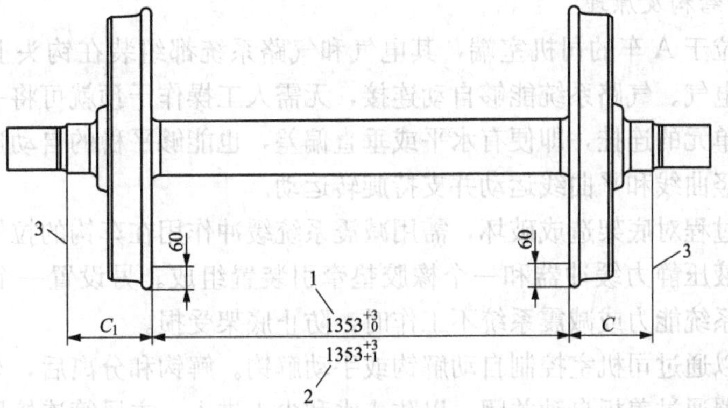

图 2-43　轮对内侧距

1—轮对内侧距（空车荷载）；2—轮对内侧距（无荷载轮对）；3—基准线

3. 车轴检查

（1）在车轴轴身上发现小于 1mm 深度的凹痕可以使用粗砂纸（120 目或更高）打磨去除，按照沿着车轴中心线方向进行打磨。打磨后的车轴通过磁粉探伤进行检测，不允许在车轴上有裂纹产生。

（2）如果在车轴轴身上发现冲击损伤超过 1mm 则要更换轮对。

（3）在车轴与车轮相配合的过渡圆弧处不允许出现磕碰或裂纹。如果在该区域发现磕碰或裂纹则要更换轮对。

（4）车轴内部的缺陷（如内部的裂纹、气孔、夹渣等），可通过超声探伤进行检测，若发现上述缺陷则更换轮对（具体操作过程请参阅后续章节）。

（5）车轴轮座处若有拉毛或损坏则需要打磨。

（6）其他轴身如有必要则进行表面修复。

（7）对车轴进行补漆、防锈处理，并标识。

（8）记录有关数据信息。

任务五　测量车钩磨损量

一、任务描述

车钩缓冲装置是车辆最重要的部件之一，通过车钩可以实现车辆的连挂，并使两车之间保持一定的距离。与此同时，车钩缓冲装置能够传递和缓冲列车在运行中或在调车时所产生的纵向力或冲击力。在该类力的作用下，车钩配合部位容易出现磨损。因此，在车钩使用期间需要定期对其磨损量进行检查，延长车钩使用寿命，保证行车安全。

二、相关知识

车钩根据其结构可分为密接式和非密接式两种，我国地铁车辆都采用的是密接式车钩，如北京地铁车辆采用的车钩装置主要有两种形式，即自动车钩（密接式牵引缓冲装置）和半永久牵引杆（中间钩橡胶缓冲装置）；广州城市轨道交通车辆1、2号线，上海城市轨道交通1号线使用的车钩缓冲装置有3种形式，即自动车钩、半自动车钩和半永久牵引杆，基本结构都是由车钩钩头、缓冲装置、对中装置和钩尾冲击座等部分组成。

（一）全自动结构及原理

全自动车钩位于A车的司机室端，其电气和气路系统都组装在钩头上，当车钩进行连挂时，其机械、电气、气路系统能够自动连接，无需人工操作干预就可将一个单元传动到另一个单元，实现单元的连挂，即便有水平或垂直偏差，也能够平稳的自动连挂。车钩系统允许被连挂的列车竖曲线和平曲线运动并支持旋转运动。

为防止连挂过程对底架造成破坏，需用减震系统缓冲作用在车钩的拉伸力和压缩力，该减震系统由一个液压静力缓冲器和一个橡胶垫牵引装置组成。另设置一个辅助撕拉功能部件，当超出减震系统能力或减震系统不工作时，防止底架受损。

解钩时，可以通过司机室控制自动解钩或手动解钩。解钩和分离后，车钩处于连挂准备状态。电气连接器通过盖板自动关闭，以防止水和尘土进入。主风管连接器也气动关闭，防止压缩空气泄漏。

（二）半自动结构及原理

半自动车钩和自动车钩基本相同，其不同点在于：

(1) 电气连挂只能通过人工连接。

(2) 解钩时，机械和气路部分可通过气动也可通过手动操作，但是不能在司机室集中控制。

(3) 半自动车钩上设有贯通道支撑座。

（三）半永久牵引杆结构及原理

半永久牵引杆设计用于保证铁路车辆在正常运营情况下，组成单元除了紧急情况或者在车间进行维护活动的情况下需要分离外，其余情况均永久连接。半永久牵引杆的两牵引杆的端部各有一个锥孔和锥柱，在连挂时起定位作用，通过套筒式联轴器将两个牵引杆刚性相连。它和电气、气路通过机械紧固获得永久连接。车钩的连接和分离需要人工完成，在车钩连挂到一起时，空气管自动完成连接。

三、任务实施

（一）工卡量具及物料

1. 所需工具

钩锁间隙规、注油枪、扭力扳手、刚性金属丝、拉簧安装钩、金属直尺、水准仪、毛刷、探伤仪、兆欧表。

2. 所需物料

清洁剂、压缩空气、干净软擦布、防腐涂层、润滑脂、黑双色油漆、肥皂液、润滑剂，车钩上的紧固螺栓、螺母、拉簧、接地铜编制线。

（二）车钩缓冲装置的检修

以某地铁公司车辆全自动车钩缓冲装置为例。半自动车钩的机械钩头和全自动车钩基本相同，半永久牵引杆的机械钩头采用半环箍形联轴节连接，一般只在架修和大修时才进行分解检修。

1. 车钩磨损量检测

在将全自动车钩、半自动车钩与车体分离前，需要使用专门测量工具检测机械钩头内机械连挂机构的间隙，判定钩锁的磨损情况，该测量工具称为钩锁间隙规，如图 2-44 所示。

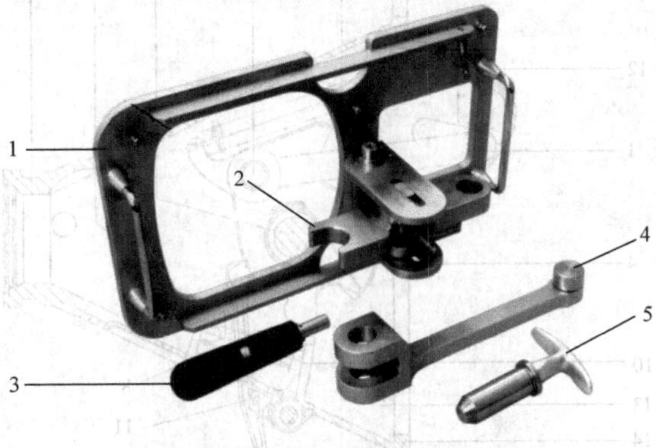

图 2-44 钩锁间隙规

1—主体；2—钩板；3—棘轮手柄；4—钩舌；5—钩舌销

（1）使用前准备。

1）将车钩锁转至已连挂位置。

2）清洁车钩头端面、凹凸锥及钩锁。

3）将护帽从车钩锁侧隙仪表的磁铁上剥离。

4）拆去量规钩板的钩舌销，卸下钩舌。

5）将棘轮手柄的转矩极限调节至 100N・cm。

（2）测量车钩锁间隙步骤。

1）将棘齿手柄放在仪表的螺纹心轴上。

2）将仪表定位，使板靠在车钩的前板上。

3）将车钩的连杆钩在仪表的钩板内。

4）将仪表的钩舌钩在车钩的钩板上。

5）转动棘轮手柄来调整仪表的钩板位置，直至能够插入钩舌销。

6）顺时针转动棘轮手柄，给仪表施加拉伸负载，直至棘爪开始空转。

7）读取车钩的间隙（标准游标尺可读取 0.1mm），钩锁机构的磨损极限不得超过 1.8mm。

8）如果超过磨损极限，需卸下钩头并分解，检查钩锁零件的损坏和磨损情况，必要时将其更换。

2. 车钩机械钩头检修

如图 2-45 所示为车钩机械钩头。机械头表面有凸锥和凹锥，实现车钩自动对齐和同心，在水平和垂直两个方向提供一个大的连挂范围。在车钩一侧表面采用导向喇叭和延长线来扩展偏准连挂范围。

机械头车钩端面配有一只宽而扁的边缘来吸收压缩负载。拉伸负载经由钩板、钩舌、中枢、拉簧、棘爪，弹簧座、卡子和前端进行传递。牵引负载和缓冲荷载从钩头传出，通过车钩牵引杆，再经过橡胶垫钩尾座缓冲后达到规定负载值。任何超出钩尾座吸收能力的荷载均会被传送至车厢底架中。安装在车钩牵引杆内的液压减震器可以缓冲冲击。

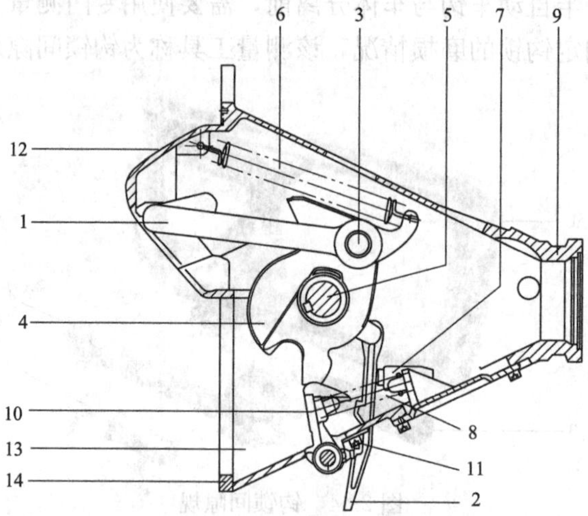

图 2-45 车钩机械头结构

1—钩舌；2—棘爪；3—钩舌销；4—钩板；5—中枢；6—拉簧；7—弹簧支座；8—压簧；
9—车钩头外壳；10—风钩；11—前端；12—凸锥；13—凹锥；14—车钩端面

在一般大修期间，必须拆下、分解、清洗车钩头，并检查是否受损。在拆下和分解组件后，需要更换螺钉、螺母、有耳垫圈、锁紧垫圈、扣环、螺旋环、弹簧型直销等紧固件。如果各销和衬套有小刮痕，要用砂纸磨光。

（1）清洁和检查以下钩锁机构零件的磨损情况：钩舌（销内孔、腹板）、钩板（中心销孔、钩板室）、中枢（轴）、钩舌销（轴）、棘爪（前端）。

（2）更换解钩绳、拉簧和压簧。

（3）更换中心枢轴的轴承衬套，卡子和棘爪中的衬套以及钩舌中的衬套。

（4）在每两次大修期间，更换卡子和棘爪。

（5）检查弹簧套有无磨损并重新涂漆，必要时进行更换。

（6）检查其他部件有无磨损或损坏，必要时进行更换。

（7）必要时重新喷涂车钩头外壳。

（8）根据滑润方案对前板、套管连接卡圈和车钩锁进行润滑。

（9）用 RIVOLTA GWF 处理螺钉螺母的安装接合表面以及螺钉螺纹。

3. 总风管和解钩管的风管接头检修

主风管（MRP）和解钩风管（UP）的风管接头安装在车钩端面，装在一个普通外壳中，如图 2-46 所示。MRP 连接的接口伸到车钩表面上方约 8mm 处，被压紧在配对车钩的接口上，为空气连接提供了密封。MRP 连接配备有压力阀。在车钩进行连挂期间，配对车钩的簧压阀挺杆打开 MRP 连接，在车钩已解锁且车厢分离时自动关闭 MRP 线路。解钩管的风管连接只在解钩过程中传送空气，所以不需要阀门，利用簧压笼来实现与 UP 连接。

同样的，在对 MRP 和 UP 风管接头进行大修时，先拆卸、分解，再更换紧固件，若在各销和衬套内存在小刮痕，需使用砂纸进行磨光。接头具体检修流程如下：

（1）更换管套、衬垫、橡皮管、压簧、阀罩，发卡式卡箍、橡胶环、密封圈、密封件和锁紧垫圈。

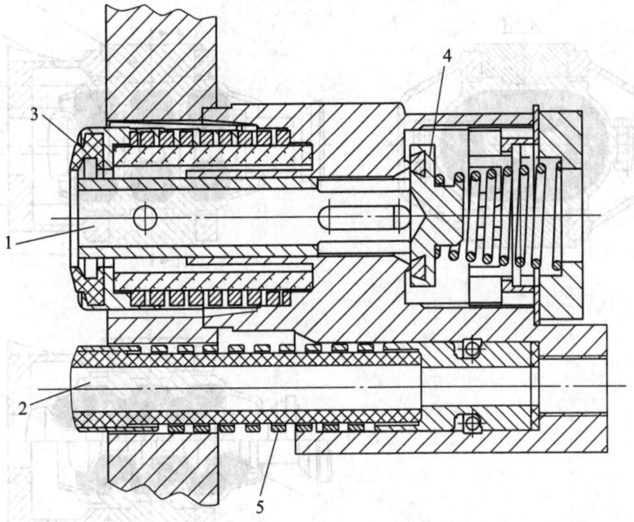

图 2-46　MRP 和 UP 风管连接

1—MRP 连接；2—UP 连接；3—接口；4—阀挺杆；5—簧压笼

（2）清理剩余零件，检查有无受损，更换磨损零件。

（3）补防锈漆。

（4）用润滑脂 RIVOLTA GWF 润滑螺钉头的安装接合表面和螺母以及螺钉螺纹（润滑过程中，橡胶零件不得接触润滑脂）。

（5）在安装前，用密封剂 LOCTITE 572 密封风管的螺旋接头（请勿密封联管螺母）。

4. 解钩气缸的检修

在大修时，拆下和分解组件后，同样需要更换紧固件。对解钩气缸的检修步骤具体如下：

（1）清理零件。

（2）更换 O 形环和弧刷。检查其他零件的磨损情况，更换磨损过限零件。

（3）必要时需重新上漆。

（4）用 AUTOL TOP 2000 润滑 O 形环、压簧、缸盖法兰、气缸内侧以及活塞杆。

（5）用润滑脂 RIVOLTA GWF 涂于螺栓端部。

（6）用密封剂 LOCTITE 572 密封风管的螺旋接头。

5. 橡胶垫钩尾座的检修

EFG 3 型橡胶垫钩尾座具有再生能量吸收和衰减特性，可充分保证正常连挂和运行。牵引荷载和缓冲荷载受到分体式橡胶垫的缓冲，这些橡胶垫牢固地安装在缓冲装置中并承受剪切应力，如图 2-47 所示。压缩和拉伸的最大行程分别为 55mm 和 40mm（图 2-48）。缓冲装置安装在轴承座上，配有轴颈和免维护衬套，保证车钩的水平旋转机动性。

EFG 实现了车钩的万向运动、垂直和水平摆动及扭转运动。另外，EFG 上可安装一个对中装置，该对中装置位于轴承座下方，可调节式垂直支架将车钩固定在其水平中间位置。

在对橡胶垫钩尾座进行大修时，首先更换紧固件，用砂纸磨光各销和衬套内的小刮痕。其具体检修步骤如下：

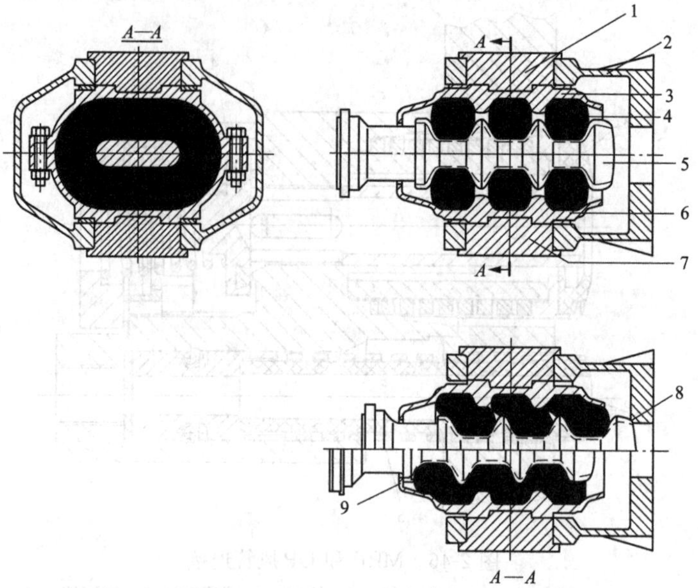

图 2-47　缓冲装置的工作模式

1—轴径；2—轴承座；3—上壳；4—橡胶垫；5—中心件；6—下壳；7—轴径；8—缓冲停止；9—牵引停止

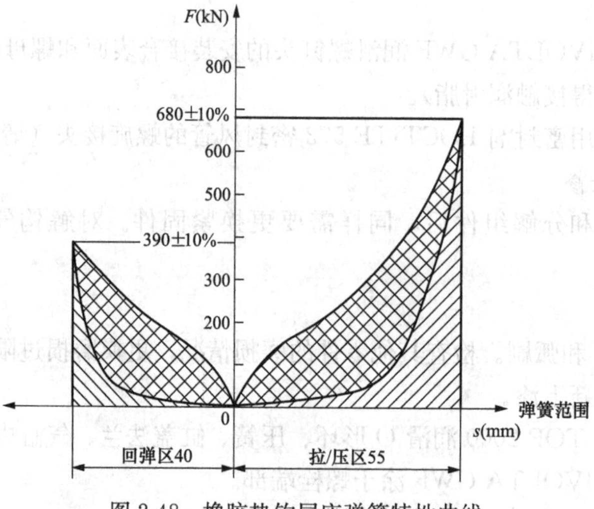

图 2-48　橡胶垫钩尾座弹簧特性曲线

（1）用压缩空气或干燥的碎皮清理零件。

（2）更换托簧和橡胶气垫。

（3）更换支架内的衬套。

（4）更换擦油环和抗磨盘。

（5）根据需要对零件重新上漆。

（6）用 AUTOL-TOP 2000 润滑耐磨盘座圈、擦环、轴颈座圈以及两个筒体的座圈啮合表面。

（7）用 AUTOL-TOP 2000 稍润滑支座的衬套和轴颈。

（8）安装前用 RIVOLTA GWF 处理螺钉端部，不要处理螺钉。

(9) 用 AUTOL-TOP 2000 润滑拉杆卡圈进行防腐。

6. 对中装置的检修

从图 2-49 中可见对中装置可确保在车钩进行解钩时将车钩保留在其中点，也可以防止车钩横摆。对中装置用三根锁紧螺钉固定在橡胶钩尾座底侧。旋转凸轮盘安装在对中装置的外壳内。该凸轮盘与橡胶垫牵引装置的下方轴颈刚性连接，在车钩水平摆动时进行旋转。凸轮盘周边设置了两条凹槽，两根带滚轴的弹簧式轴柄被压入凹槽中，将车钩固定在中间位置。解钩并将车辆分离后，车钩可自动以±15°的摆角重新对中。超过此角度时，车钩将停在偏心位置，必须由手动推回中间位置。

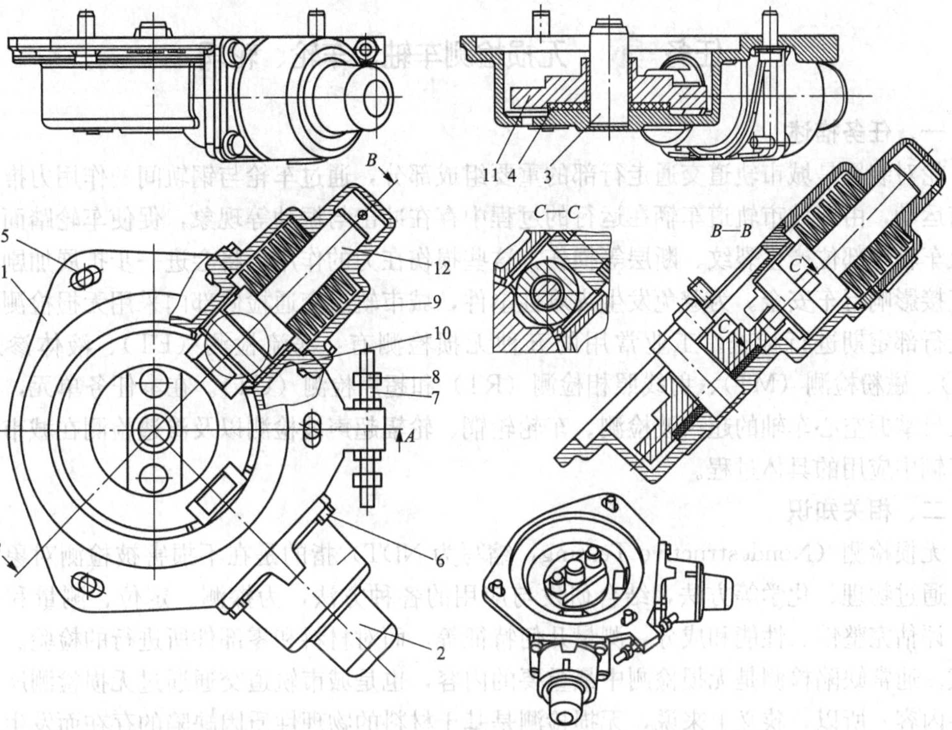

图 2-49　对中装置

1—外壳；2—弹簧盘；3—枢轴；4—滑动板；5、6—锁紧螺钉；7—六角头螺钉；8—六角螺母；9—碟形弹簧；10—衬套；11—凸轮盘；12—带滚子的心轴

对中装置进行大修时，拆下和分解组件后，可更换紧固件。若各销和衬套如有小刮痕，应使用砂纸磨光。对中装置的大修步骤如下：

(1) 用压缩空气或干燥的碎皮清理零件。

(2) 用刚性金属线打开排水孔。

(3) 检查凸轮盘以及所有衬套是否存在磨损，若有则更换磨损部件。

(4) 检查碟形弹簧是否断裂，更换断裂拉簧。

(5) 用 AUTOL-TOP 2000 润滑外壳滑动部件和内侧进行防腐。

(6) 在螺钉端部涂敷润滑脂 RIVOLTA GWF。

(7) 补防锈漆。

(三) 车钩缓冲装置的试验

1. 车钩连挂和解钩试验

车钩连挂和解钩试验需在车钩试验台上进行。将组装好的全自动或半自动车钩安装在试验台上，进行车钩自动连挂和解钩的试验。连挂时通过听声音是否清脆来判断连接的质量。通过操纵手动解锁装置来检查手动解钩的性能是否正常。

2. 气密性试验

在车钩处于连挂状态下，用肥皂水喷涂在所有阀和管路接头处来检查气路的气密性。

任务六 无损检测车轴、车轮、轮辋

一、任务描述

轮对装置是城市轨道交通走行部的重要组成部分，通过车轮与钢轨间的作用力推动列车向前运动，由于城市轨道车辆在运行的过程中存在冲击与振动等现象，促使车轮踏面、轮辋以及车轴等部位产生裂纹、断层等损伤，这些损伤在力的作用下将会进一步扩展加剧，最终将直接影响行车安全。为避免发生灾难性事件，城市轨道交通检修部门采用无损检测的方法对走行部定期进行检查。工业常用的五种无损检测有：涡流检测（ET）、液体渗透检测（PT）、磁粉检测（MT）、射线照相检测（RT）和超声检测（UT）。在本任务单元，要求学习人员掌握空心车轴的超声波检测、车轮轮辋、轮辐超声波检测以及渗透检测在城市轨道交通车辆中应用的具体过程。

二、相关知识

无损检测（Nondestructive Testing，缩写为 NDT）指的是在不损害被检测对象的前提下，通过物理、化学等方法，结合研发与应用的各种方法，为探测、定位、测量和评价缺陷，评估完整性、性能和成分，测量几何特征等，而对材料和零部件所进行的检验、检查和测试。通常缺陷检测是无损检测中最重要的内容，也是城市轨道交通通过无损检测所实现的主要内容。所以，狭义上来说，无损检测是基于材料的物理性质因缺陷的存在而发生变化这一事实，在不改变、不损害材料和零（部）件状态与使用情况的前提下，通过测定其变化量来判断材料和零（部）件损伤部位、大小、性质等内容的一种技术。通过无损检测对车辆零（部）件进行的在役检测来监测相应零（部）件结构和状态的变化，可确保城市轨道交通车辆运行的安全可靠性。

根据物理原理的不同，可将无损检测分为多个种类。工业应用中最普遍采用的是涡流检测（ET）、液体渗透检测（PT）、磁粉检测（MT）、射线照相检测（RT）和超声检测（UT），也常被称为五种常规无损检测方法。其中，超声波检测和射线检测主要用于材料内部缺陷检测，涡流检测和磁粉检测主要用于材料表面和近表面缺陷检测，渗透检测只能用于表面开口缺陷检测。

(一) 磁粉检测工作原理

铁磁性材料和工件被磁化后，由于不连续性的存在，使工件表面和近表面的磁力线发生局部畸变而产生漏磁场，吸附施加在工件表面的磁粉，形成在合适光照下目视可见的磁痕，从而显示不连续的位置、形状和大小。如图 2-50 所示铁磁性材料表面和近表面尺寸很小，间隙极窄，目视难以看出的不连续性（长 0.1mm，宽为微米级的裂纹）。可以发现裂纹、夹杂、发纹、白点、折叠、冷隔和疏松等缺陷。

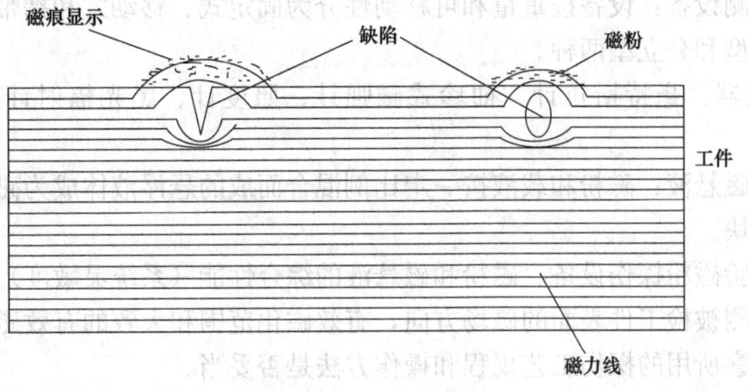

图 2-50　磁粉检测原理

1. 磁粉检测的基本步骤

（1）预处理：将被检测的工件表面的杂质清除干净，避免对检测结果产生干扰。

（2）磁化工件：磁化电流主要有交流电、整流电、直流电和冲击电流。

（3）施加磁粉或磁悬液：前者用于干法检测，后者用于湿法检测。磁粉可分荧光磁粉和非荧光磁粉。

（4）磁痕分析和评定：通过对工件表面磁粉堆积形成的磁痕形貌的分析来确认工件表面和内表面存在的缺陷性质。

（5）退磁：由于铁磁性材料的顽磁性使经探伤的零件内有剩磁，剩磁会使回转零件吸附铁屑而加剧磨损，并且使仪表工作不正常，经磁粉探伤的零件必须退磁。一般用交流电磁化工件，用交流电退磁，退磁时电流强度应大于磁化电流强度，只要把磁化电流强度逐步减少到零，工件就退磁了；而用直流电磁化的工件就用直流电退磁，退磁电流也要强过磁化电流，只要将退磁电流的方向不断来回改变，强度逐级减少到零，工件也就退磁了。

（6）后处理：清洗被检测工件，清理检测现场。

2. 磁粉检测的优点

（1）可检测出铁磁性材料表面和近表面的缺陷。

（2）能直观地显示出缺陷的位置、形状、大小和严重程度。

（3）具有很高的检测灵敏度，可检测微米级宽度的缺陷。

（4）单个工件检验速度快，工艺简单，成本低，污染轻。

（5）结合使用各种磁化方法，几乎不受工件大小和几何形状的影响。

（6）检测缺陷的重复性好。

（7）可检验受腐蚀的表面。

3. 磁粉检测的局限性

（1）只能检测铁磁性材料。

（2）只能检测表面或近表面缺陷。

（3）点状缺陷和与工件表面夹角小于 20°的层不易发现。

（4）受几何形状影响，易产生非相关显示。

(5) 有通电法和触头法，易烧伤工件。

4. 磁粉检测的主要设备器材

(1) 磁粉检测设备：设备按重量和可移动性分为固定式、移动式和携带式三种；按照组合方式分为一体型和分立型两种。

(2) 测量仪器：毫特斯拉计、袖珍式磁强计、照度计、黑光辐射计、通电时间测量器等。

(3) 磁粉和磁悬液：磁粉和载液按一定比例混合而成的悬浮液体成为磁悬液。

(4) 标准试块。

(5) 用于检验磁粉探伤设备、磁粉和磁悬液的综合性能（系统灵敏度）。

(6) 用于检测被检工件表面的磁场方向，有效磁化范围和大致的有效磁场强度。

(7) 用于考察所用的探伤工艺规程和操作方法是否妥当。

(8) 当无法计算磁化规范时，可大致确定较理想的磁化规范。

磁化电流和发现缺陷的关系如图 2-51 所示：当磁化电流与被检测缺陷相平行时，缺陷可以被发现；当磁化电流与被检测缺陷成 45°角时，缺陷也可以被发现；但当磁化电流与被检测缺陷相垂直时，缺陷不能够被发现。根据磁化电流与感应磁场磁力线的关系可知，在磁化电流与被检测对象相平行或磁力线与被检测缺陷相垂直时，缺陷最容易被发现。由此可知，磁化方法的选择不但要根据工件的尺寸大小、外形结构、表面状态来确定，同时还要根据工件过去断裂情况和应力分布，分析可能产生缺陷的部位和方向，选择合适的磁化方法。

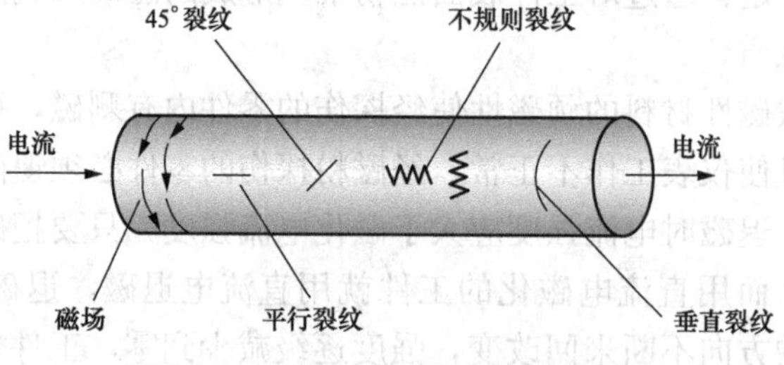

图 2-51　磁化电流和发现缺陷的关系

常用的磁化方法有周向磁化（包括轴向通电法、触头法、中心导体法、平行电缆法）、纵向磁化（包括线圈法、磁轭法）、多向磁化，如图 2-52 所示。

磁粉检测的方法根据其所选用的载液或者载体不同可以分为干法检测和湿法检测；根据磁化工件和施加磁粉的时机不同可以分为连续法和剩磁法检测。

干法检测：以空气为载体用干磁粉进行磁粉探伤的方法。

湿法检测：将磁粉悬浮在载液中进行磁粉探伤的方法。

连续法检测：在外加磁场磁化的同时，将磁粉或磁悬液施加到工件上进行磁粉探伤的方法，常用的铁磁性材料和工件一般可采用。

剩磁法检测：停止磁化后，再将磁悬液施加到工件上进行磁粉探伤的方法。剩磁法主要用于经过热处理的高碳钢和合金结构钢，矫顽力在 800A/m，剩磁在 0.8T 以上者。

（二）超声波检测

1. 超声波检测的工作原理

声波属于机械波范畴。超过人耳听觉（16Hz～20kHz），频率大于 20kHz 的声波称为超

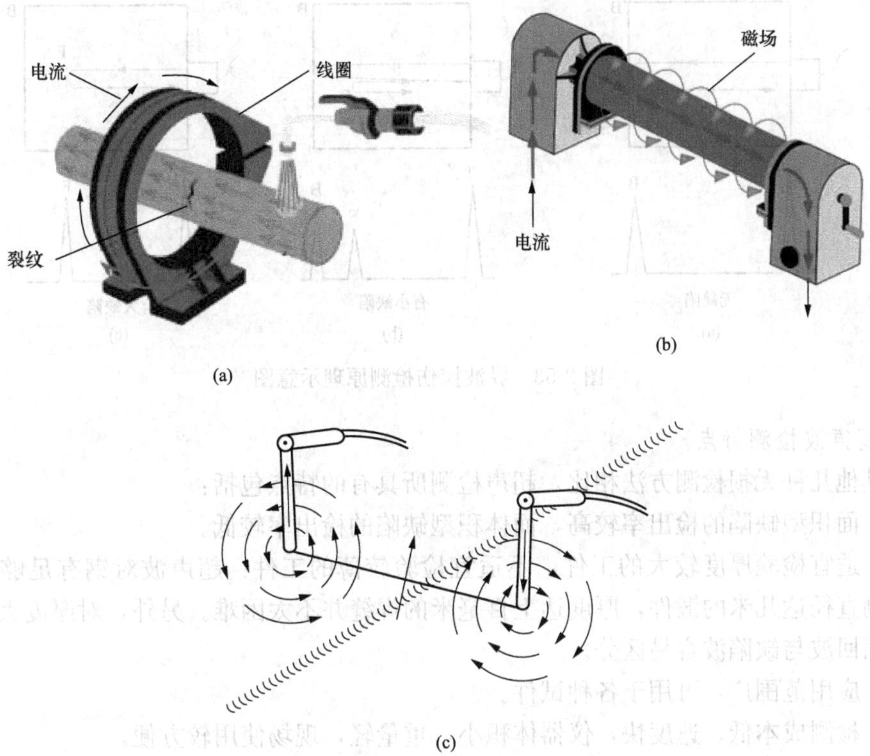

图 2-52　磁化方法

声波。用于工业检测的超声波，频率为 0.5～25MHz，其中用得最多的是 1～5MHz。较低频率主要用于检测粗晶材料和衰减较大的材料；较高频率主要用于检测细晶材料和要求高灵敏度处。

超声波检测实际上就是利用超声波通过两种介质的界面时发生反射和折射的特性来探测零件内部的缺陷。超声波检测方法按波的传播方式分为脉冲反射法和透射法。目前用得最多的是脉冲反射法，在显示超声信号方面，目前用得最多而且较为成熟的是 A 显示。以脉冲反射法为例来说明超声检测的实现过程，如图 2-53 所示。由声源产生的脉冲（探头）以一定的速度向被检测工件内部传播，如果材料是均匀介质，那么声波就会以恒定速度沿着一个方向传播。随着传播距离的增加，声波的强度由于扩散、材料内部的散射和吸收而逐渐减小。当遇到两侧声阻抗不同的界面时，有部分声能会被反射。而这种界面在工件内部是某种缺陷，例如裂纹、分层和空洞等，如图 2-53（b）所示，在发射脉冲和底面回波之间出现来自缺陷的回波 F；在工件外侧则可能是工件外面表与空气或者水的界面，如图 2-53（a）显示波形中仅有发射脉冲 T 和底面回波 B 两个信号。反射的程度取决于界面两侧声阻抗差异的大小，其中在金属与气体的界面几乎全部反射。通过探测和分析反射脉冲信号的幅度、位置等信息来确定缺陷的大小、位置；通过测量入射声波和接受声波之间声传播时间可以得出反射点与入射点的距离。

通常用于发现缺陷并且对其进行分析判断的主要信息有：来自内部缺陷信号的存在和相应的幅度；入射信号与回波信号的时间差；声波通过材料后的能量损失。

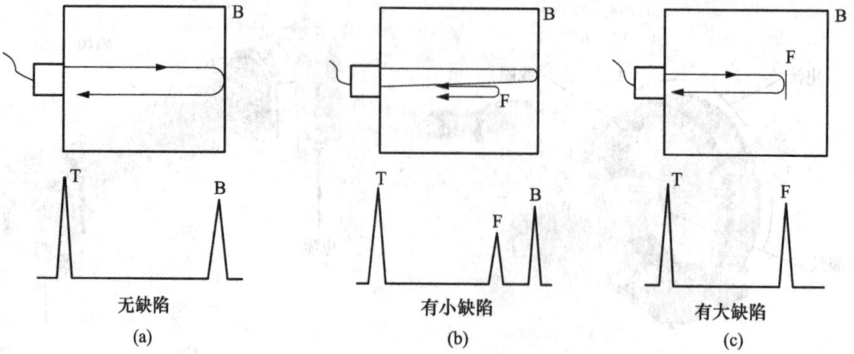

图 2-53　纵波探伤检测原理示意图

2. 超声波检测特点

与其他几种无损检测方法相比，超声检测所具有的特点包括：

（1）面积型缺陷的检出率较高，而体积型缺陷的检出率较低。

（2）适宜检验厚度较大的工件，不适宜检验较薄的工件：超声波对钢有足够的穿透能力，检测直径达几米的锻件，厚度达上百毫米的焊缝并不太困难。另外，对厚度大的工件检测，表面回波与缺陷波容易区分。

（3）应用范围广，可用于各种试件。

（4）检测成本低、速度快，仪器体积小，重量轻，现场使用较方便。

（5）无法得到缺陷直观图像，定性困难，定量精度不高。

（6）检测结果无直接见证记录，不能像射线照相那样留下直接见证记录。

（7）对缺陷在工件厚度方向上的定位较准确。

（8）材质、晶粒度对探伤有影响，使得小缺陷的检测灵敏度和信噪比变差。

（9）工件不规则的外形和一些结构会影响检测——可实施性受到影响。

（10）探头扫查面的平整度和粗糙度对超声波检测有一定影响。

（11）以常用的压电换能器为声源时，为了使超声波有效地进入被检测工件一般需要耦合剂。

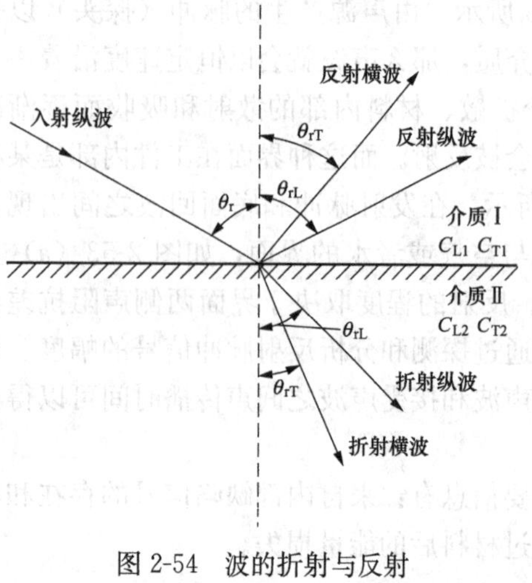

图 2-54　波的折射与反射

当超声波以相对于界面入射点法线一定的角度（入射角），倾斜入射到两种不同声阻抗界面时，会在该界面处发生反射、折射和波型转换，如图 2-54 所示。反射波和折射波均可因波型转换而产生与入射波不同的波型，若其中一种介质是液体或气体，则该介质中只能产生纵波。同时，反射角、折射角与入射角之间服从斯奈尔定律。

根据斯奈尔定律可知，当第二种介质中的声速大于第一种介质中的声速时，折射角大于入射角。此时，存在一个临界入射角，在该角度下，折射角为 90°，即第二种介质中没有折射波，所有能量均反射到第一介质中，称为全反射。由于在统一介质中，横波的波速小于纵波波速，所以折射波中纵波先消失，此时的入射角称为第一临界角，而折射波中横波消失时的入射角称为第二临界角。第一临界角常被用于在第二种介质中产生纯横波。

3. 超声波检测系统设备组成

一般超声检测系统必须具有的设备器材有：超声检测仪（其中包括脉冲发射源、接收信号的放大装置、信号的显示装置等）、探头（电声转换器）和对比试块。

超声检测仪是一种专门用于超声检测的电子仪器，主要作用是产生电脉冲并施加于探头使其产生超声波，同时接收来自于探头的电信号，经过放大处理后在荧光屏上显示。

目前应用最广的是脉冲反射检测仪。根据信号显示方式的不同可以分为A扫描、B扫描、C扫描。A型显示是一种波形显示，如图2-55（a）所示，检测仪屏幕的横坐标代表声波的传播距离，纵坐标代表反射波的幅度。由反射波的位置可以确定缺陷位置，由反射波的幅度可以估算缺陷大小；B型显示是一种图像显示，如图2-55（b）所示，屏幕的横坐标代表探头的扫查轨迹，纵坐标代表声波的传播距离，因而可直观地显示出被探工件任一纵截面上缺陷的分布及缺陷的深度；C型显示也是一种图像显示，如图2-55（c）所示，屏幕的横坐标和纵坐标都代表探头在工件表面的位置，探头接收信号幅度以光点辉度表示，因而当探头在工件表面移动时，屏上显示出被探工件内部缺陷的平面图像，但不能显示缺陷的深度。

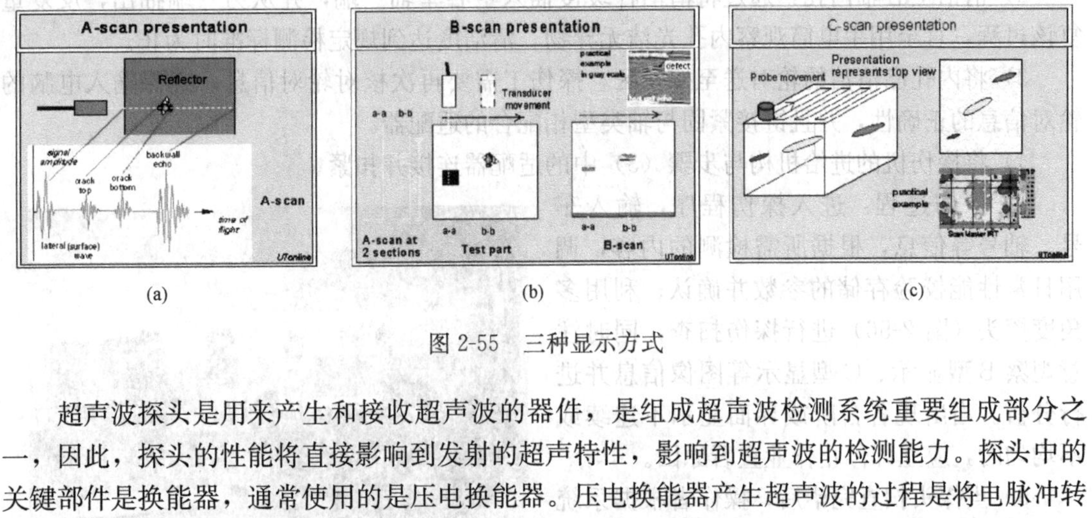

(a)　(b)　(c)

图2-55　三种显示方式

超声波探头是用来产生和接收超声波的器件，是组成超声波检测系统重要组成部分之一，因此，探头的性能将直接影响到发射的超声特性，影响到超声波的检测能力。探头中的关键部件是换能器，通常使用的是压电换能器。压电换能器产生超声波的过程是将电脉冲转换为超声脉冲，而其接收超声波的过程则是将超声脉冲转换为电脉冲，从而实现了电能和声能的互相转换。

为了使声波更好地传入工件，需要在探头与工件间使用耦合剂，常用油或水置于探头和工件之间来代替空气间隙，从而增大声能的透过率。水浸自动扫描系统使用水浸作为耦合剂，减少了检测过程中人为因素的影响，提高了检测的可靠性与速度。

对比试块是通过特定的方法检测特定工件时所用的试块，它与被检工件声学特性相似，含有意义明确的参考反射体（平底孔、槽等）用来调节超声检测仪的状态，保证扫查灵敏度足以发现所要求尺寸与取向的缺陷，并且将所检出的缺陷反射信号与已知反射体所产生的信号相比较。

三、任务实施

轮对的作用是沿着钢轨滚动，将轮对的滚动转化为车体的平移，除了传递车辆重量外，还要传递轮轨间的各种作用力，包括牵引力和制动力。对轮对装置中的车轴和车轮轮辋、轮辐的无损检测方法均是超声波检测。

（一）空心车轴超声波探伤

（1）检测前的准备。

1）准备好检测相关的各种仪器，并按照要求进行摆放。

2）对探伤设备外观进行日常检查，合格后打开总电源、启动 UPS、启动计算机并通过检测软件进行系统的自检。

3）按照规定对检测设备进行性能校验。

4）检查试样轴是否在保养期限内，若到期则需要先保养再进行后续的探伤工作。

（2）日常性能校验。每天开班前和完工后都要由探伤工、探伤工长、质检员一起校验系统的技术性能、确定探伤的灵敏度。根据每天检测内容选择对比试样轴进行校验，并把校验数据存储好。若完工时校验数据不合格，那么同天使用该设备进行检测的车轴都要重新进行检测。

（3）探伤作业。

1）核对待检轮对信息。

2）清洁空心轴内孔：通过将清洁杆缓慢插入空心车轴一端，并从另一端抽出，反复重复该过程，直至用手电筒观察内孔光洁无异物，清洁度达到规定检测标准时为止。

3）将内孔已清洁的轮对送至探伤区，探伤工需要再次核对轮对信息，确保输入电脑的轮对信息的正确性，并且链接紧固与轴类型相配合的适配器。

4）将探伤机的进给机构与步骤（3）中的适配器连接并扣紧。

5）探伤过程：进入探伤程序，输入车号、轴号等信息，根据所需检测的内容，调用日常性能校验存储的参数并确认；利用多角度探头（图 2-56）进行探伤扫查，同时注意观察 B 型显示、C 型显示等图像信息并进行分析。当出现各台阶或界面显示不连续或不均匀时，应立即停止作业查看原因。

图 2-56　超声波探伤探头

6）当探头扫查完毕后，操作者根据系统形成的扫描图像对被检空心车轴的缺陷情况进行判定。若发现疑似缺陷时，在操作检测对话框中选择“手动控制”方式，将探头移至该部位，并查看 A 型显示图像，通过调整探头转速等参数进一步确认，必要时也可使用便携式超声波检测仪进行手工检测。

7）探伤结束后从适配器上卸下进给机构。

（4）清除耦合剂并涂抹防锈油。将检测完的空心车轴送至防锈油涂抹区。将清洁杆插入空心车轴并抽出清除残留的耦合剂；通过加油杆缓慢插入空心轴内，从另一端抽出来涂抹防锈油。在涂抹的过程中如果有油滴落，必须立即清洁，防止探伤工作人员不慎摔倒，所以在整个探伤作业的过程中一定要确保工作区域干净无油污。涂抹防锈油后应立即将空心轴孔防尘堵装上，防止防锈油溢出，并安装轴颈保护套。

（5）当天探伤工作结束后，要对标定轴进行探伤校正。

（6）填写探伤记录文件，录入信息化管理系统。

（7）探伤结束，关闭设备，整理探伤作业区。

（二）车轮轮辋、轮辐超声波探伤

1. 设备检查

（1）根据以往设备日检记录了解设备目前工作状况。

（2）探伤工作人员检查设备完整性和外观检查，确保设备完好。

（3）对设备的机械紧固件尤其是探头载体等工件的检查。

（4）擦拭探头表面并检查有无磨损情况。

（5）检查探头载体上的接地传感器有无磨损，定位用靠轮是否紧固，滚动是否灵活。

（6）检查水压、电压以及气压是否正常。

（7）设备连接电源登录检测界面，填写设备日检情况记录。

2. 检测前日常性能校验

与空心车轴日常校验相类似，由探伤工、探伤工长和质检员共同进行。样板轮校验后要擦拭干净其表面的水滴，并放在指定区域。

3. 待检轮对准备

（1）辅探人员要先检查待检轮对是否异常，经过镟修后，踏面和轮辋内侧面无镟修毛刺，如发现毛刺要用百洁布或者砂纸打磨干净。检查待检车轮表面是否存在油或油漆，若有需立即清除。

（2）辅探人员要对车轴部位用塑料胶带做好防水。

（3）手动轻推待检轮对至探伤作业区，避免车轮冲击磨损。

（4）确保轮对在运送过程中与钢轨间的接触无卡滞，全自动流程可实现。

4. 进轮操作

（1）探伤工将轮对号、左右轮饼号输入到检测系统内，并核实与实物相同。

（2）在检测控制区中电机“进轮”启动车轮自动进轮程序。

（3）当进轮到位后，在轮辋的外侧面安装磁铁。放置好磁感应传感器后，车轮预转一周来测量其直径。

图 2-57　各探头密贴

5. 进探操作

（1）在检测控制区点击“进探”实现车轮的自动进探，以及载体和探头的定位。

（2）待进探到位后，检查踏面探头和内侧探头是否均贴合良好，如图 2-57 所示。

6. 检测操作

同样在检测区域点击“开始检测”即实现对车轮轮辐轮辋的自动检测，检测过程可监控实时 A 扫描。

7. 退探操作

检测结束后，在检测区域点击“退探”后，探头载体会随着升降臂自动升起。

8. 退轮操作

退探结束后，在检测区域点击“退轮”，轮子将被自动推出待检区。

9. 数据分析

轮辋轮辐超声波探伤的流程如图 2-58 所示。

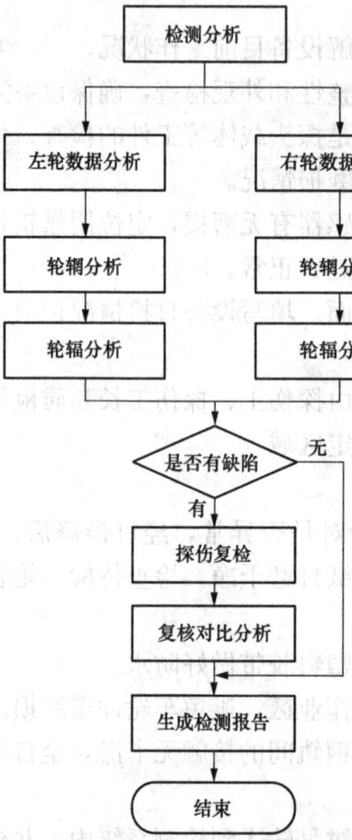

图 2-58 轮辋轮辐超声波探伤的流程

通过单击数据分析区的“轮辋分析”或“轮辐分析”可进入自动分析判伤检查该轮饼区域或缺陷所对应通道进行数据分析，如图 2-59 所示。通过鼠标单击疑似缺陷位置即可进行分析与标记等工作。

在检测过程中发现轮对缺陷需要进行探伤复检。同样，通过单击数据分析区的“探伤复检”则进入检测控制区域，再单击开始按钮开始采集复检数据。待检测数据加载完成后，在自动生成的“复检分析”界面中进行复核判伤检查，主要核查形成扫描图中的缺陷位置是否在同一位置，判断检测结果的正确性。每个轮对检测完形成详细的检测报告，并且在轮对上贴相应的标识。

10. 完工校验

一天的检测任务完成后，需要进行日常性能校验。若完工校验不合格则当天的探伤工作无效，需全部重新进行探伤。

11. 完工整理

对设备进行复位操作后，检测数据备份，确认检测表格并签字保存，关闭设备，最后进行现场清洁。

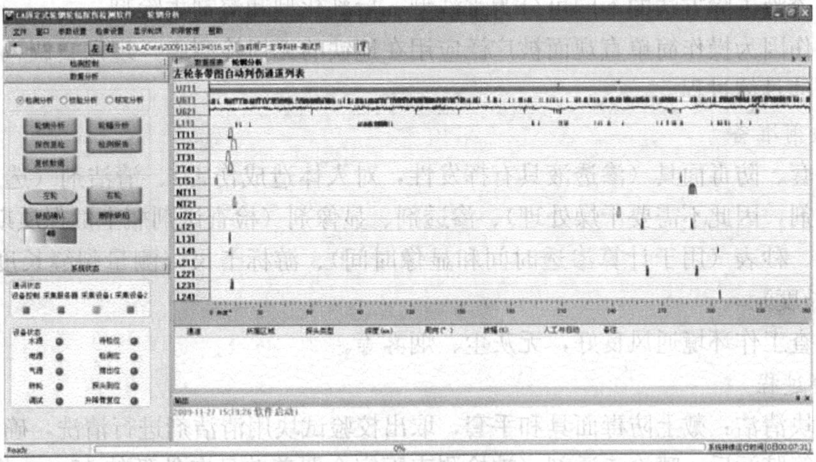

轮辋分析图

(a)

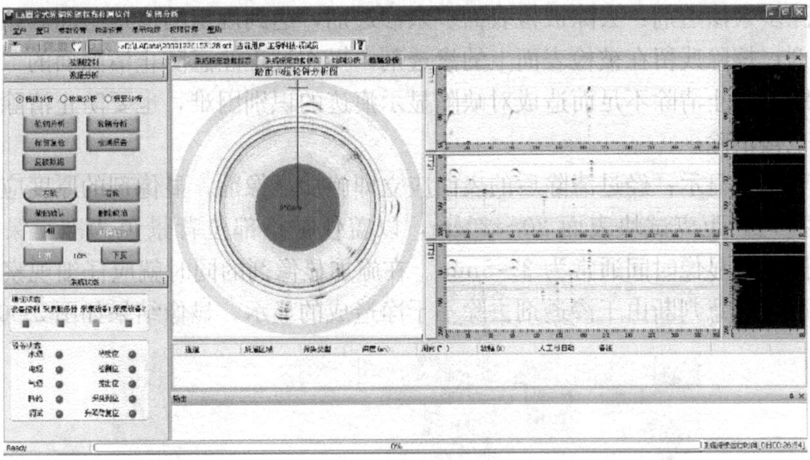

轮辐分析图

(b)

图 2-59　轮辐轮辋分析图

（三）渗透探伤

渗透检测是一种以毛细管作用原理为基础的检测表面开口缺陷的无损检测方法。基本原理是：零件表面被施涂含有荧光染料或着色染料的渗透液后，在毛细管作用下，经过一定时间的渗透，渗透液可以渗进表面开口缺陷中；除去多余的渗透液和干燥后；再在零件表面施涂吸附介质（显像剂）；同样在毛细管作用下，显像剂将吸附缺陷中的渗透液，使渗透液回到显像剂中；在一定光源下，缺陷处之渗透液痕迹被显示，从而探测出缺陷的形貌及分布状态。

由此可知渗透检测具有的优点包括：缺陷显示直观；检测灵敏度高；可检测的材料与缺陷范围广；一次操作可检测多个零件，可检测多方位缺陷；操作简单等。这种检测方法的弊端在于：只能检测表面开口缺陷（堵塞时无法检出）；只能检测非多孔材料；单个工件检测效率低，成本高；对零件和环境污染较重。

渗透检测按照渗透液中所含染料成分不同可分为荧光渗透检测和着色渗透检测。

按照渗透液去除方法的不同可分为水洗型、后乳化型和溶剂去除型。

渗透探伤因为操作简单直观而被广泛应用在地铁的无损检测中，现以空调风叶为例来说明渗透探伤的具体过程。

1. 校验前准备

(1) 手套、防毒面具（渗透液具有挥发性，对人体造成伤害）、清洁剂（选用带有酒精成分的清洁剂，因此不需要干燥处理）、渗透剂、显像剂（检查试剂瓶上的保质期）、校验试块、放大镜、秒表（用于计算渗透时间和显像时间）、游标卡尺（测量裂缝长度）、标记笔（标记裂缝长度）。

(2) 检查工作环境通风良好，无灰尘、烟雾等。

2. 校验过程

(1) 试块清洁：戴上防毒面具和手套，取出校验试块用清洁剂进行清洗，确认表面没有灰尘和油记等脏污后，喷涂渗透剂（被检测表面完全覆盖并且向外延伸 15mm 范围），喷嘴距离试块表面越近越好，并使用秒表计时，一般十分钟左右。

(2) 去除多余渗透剂：去除被检表面多余渗透剂，达到规定的渗透时间后，在无纺布上喷少量清洗剂，擦除残留在被检表面上的渗透剂，操作过程注意防止清除面的二次污染。在清除过程中既要防止清除不足而造成对缺陷显示痕迹的识别困难，也要防止清除过度使缺陷中的渗透剂也被清除。

(3) 查看结果显示：经过清除后的表面应立即施加显像剂，显像剂的厚度应适当。喷涂显像剂前要摇匀，距离试块表面 20～30cm，以盖住被检部位背景色为准，保持均匀。在 15～50℃范围内，显像时间通常为 3～5min。在施加显像剂的同时就应仔细观察被检表面的痕迹显示情况，注意判断由于渗透剂去除不干净造成的显示，显像结果如图 2-60 所示。

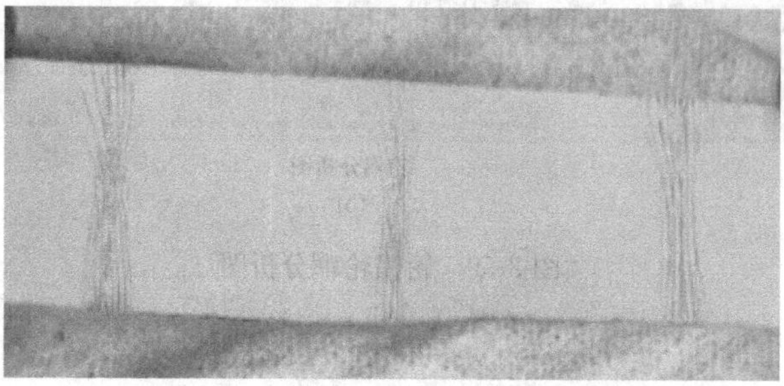

图 2-60　缺陷显示

(4) 观察完立即清洁（此时可直接用清洁剂喷涂），防止显像剂和渗透剂干燥后不易清洗，对试块表面造成污染。

3. 空调风叶渗透探伤（只选取中心焊缝部位检测）——步骤与试块校验基本相同

(1) 工件清洁。

(2) 喷涂渗透剂。

(3) 去除渗透剂。

(4) 喷涂显像剂。

(5) 查看结果显示：用标记笔标记裂纹位置，使用游标卡尺测量裂纹长度后，用标记笔在裂纹处标记数据，如图 2-61 所示。

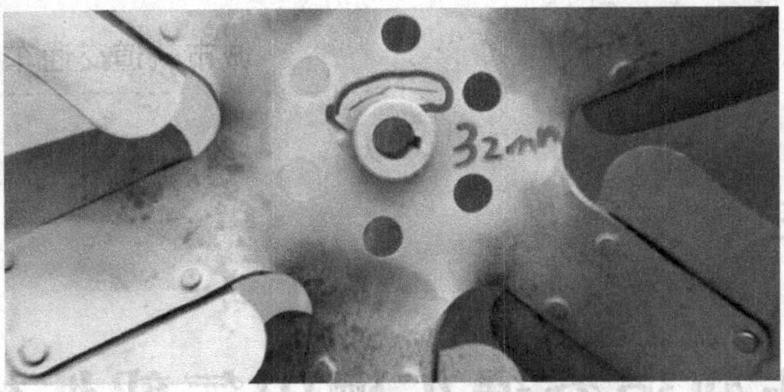

图 2-61　空调风叶渗透显示

（6）自检：空调风叶渗透探伤完成，确定探伤合格后，填写质量记录单。

复习思考题

1. 根据实际作业情况填写拆卸基础制动单元的作业任务单。
2. 根据实际作业情况填写车门拆卸与参数调整的作业任务单。
3. 根据实际作业情况填写检修全自动车钩的作业任务单。
4. 根据实际作业情况填写检修转向架的作业任务单。
5. 根据实际作业情况填写车轴超声探伤的作业任务单。

项目三

城市轨道交通车辆电气部件检修

城市轨道交通车辆作为机电一体化高度集成的产品，其检修作业内容一般包括机械检修和电气检修两大部分，其中电气检修又包括车辆电气设备检修和车辆电气系统检修，本项目主要阐述车辆电气设备即车辆电气部件的检修。

车辆电气部件根据工作电压的不同通常分为高压电气设备（如受流器、避雷器、高速断路器、逆变器、接触器等）和低压电气设备（如司机控制器、继电器、传感器等）。根据车辆电器检修的实际作业内容选取五个较重要的车辆电气模块作为电气部件检修的学习任务，并以此为基础培养学生从事车辆电气部件检修的能力，帮助学生构建检修车辆电气部件时所需的知识和技能，见表 3-1。

表 3-1　　学习任务与目标

学习任务	学习目标		
	知识目标	能力目标	素养目标
任务一　受流器检修	受流器结构、用途及原理； 受流器类型：弹簧式受电弓、气囊式受电弓、集电靴结构及工作原理	能根据受流器的结构、作用说明受流器的检修流程；独立进行检修与维护	严格遵守铁路企业规章制度，具有良好职业道德和敬业精神； 服从企业生产指挥调度，具有严格执行检修工艺流程、检修工艺要求的工作态度和行为规范； 培养解决生产实际问题的能力
任务二　高速断路器检修	高速断路器类型、结构； 高速断路器工作原理； 高速断路器检修； 高速断路器整定值调整	熟悉高速断路器结构、原理及检修常用工器具； 能在老师指导下检修与维护高速断路器	
任务三　逆变器检修	牵引逆变器知识； 辅助逆变器知识； 牵引逆变器检修； 辅助逆变器检修	准备检修工具、耗材； 能在老师指导下检修维护牵引逆变器及辅助逆变器	
任务四　制动电阻器检修	制动电阻结构、工作原理及作用； 检修维护制动电阻	准备检修工具、材料； 能对制动电阻进行简单维护； 拆装、测试制动电阻	
任务五　主控制器及各类传感器检修	主控制器结构、操作使用； 各类传感器作用； 检修主控制器相关知识	能准备工器具、材料； 能在老师指导下检修维护主控制器； 能更换各类传感器	

任务一 受流器检修

一、任务描述

受流器是将列车外部电源引入车辆内部主电路的重要取流设备，其性能的好坏直接影响列车所取电流的可靠性及列车工作状态的稳定性。当前城市轨道交通车辆上使用的受流器主要有两类：上部受流和下部受流。上部受流主要采用单臂受电弓，通过绝缘子安装在车顶，升弓后受电弓的集电头与接触网导线接触并取流，再通过车顶母线传送到车内供车辆使用。下部受流主要采用集电靴，安装在转向架上，通过碳滑板从导电轨（第三轨）上取流。

受电弓和集电靴由于运动部件较多，运用过程中易出现碳滑板磨损到限、润滑脂量减少、软编织线断裂等现象，因此在运用一段时期之后需做相应的维护保养、检修及调试工作，以维持受流器良好的工作性能。

二、相关知识

（一）上部受流器结构及工作原理

1. 弹簧式受电弓结构及参数

（1）结构。弹簧式（以 Fb 型为例）受电弓为单臂受电弓，主要由底架、高度止挡、绝缘子、下臂、下导杆、上臂、上导杆、弓头、碳滑板、端角、升降弓装置、位置指示器等组成，如图 3-1 所示。

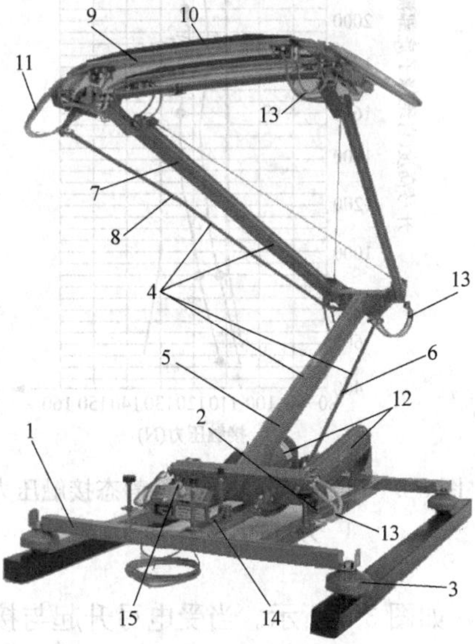

图 3-1 受电弓外形图

1—底架；2—高度止挡；3—绝缘子；4—构架；5—下臂；6—下导杆；7—上臂；8—上导杆；9—弓头；10—碳滑板；11—端角；12—升降弓装置；13—软编织线；14—锁钩；15—最低位置指示器

（2）参数见表 3-2。

表 3-2 Fb 型受电弓结构及参数

最大升弓高度	2880mm－25mm
最低位置	342mm＋10mm
最低位置的拉伸长度	约 2480mm
碳滑板接触条长度	800mm±1mm
弓头宽度	1550mm
接触压力	120N±20N
传动装置最小工作气压	300kPa
传动装置最大工作气压	1000kPa
传动装置额定工作气压	750～900kPa
升弓时间	约 7～8s
降弓时间	约 7～8s
最大工作高度	2050mm

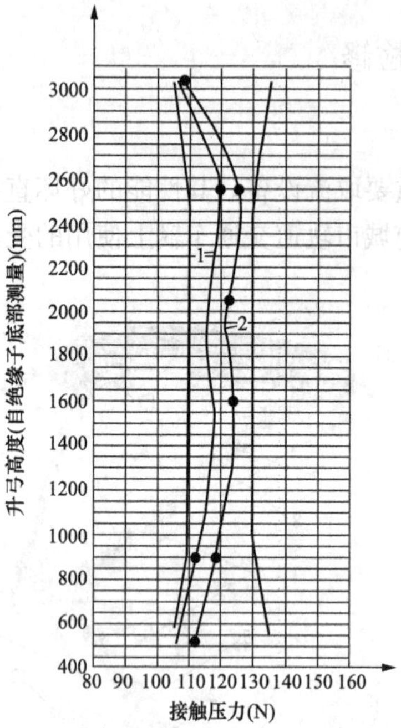

图 3-2　Fb700.58 型受电弓静态接触压力图
1—升弓曲线；2—降弓曲线

2. 弹簧式受电弓工作原理

(1) 升弓。当按下司机室的升弓按钮时，升弓电磁阀得电，电磁阀打开风路，使风源进入受电弓升降装置中的传动气缸，压缩传动气缸内的降弓弹簧，活塞带动活塞杆、连杆及下臂同时运动。由于升降装置中的升弓弹簧被放松，升弓弹簧复原，带动链条使下臂逆时针旋转，推动上臂顺时针转动，使弓头垂直上升，进行升弓。

(2) 降弓。降弓时，电磁阀失电，切断风源，传动气缸内的压缩空气在降弓弹簧复原力的作用下排向大气，弓头及上下臂在重力作用下降落，升弓弹簧被强制拉伸。

升降弓特性曲线如图 3-2 所示。

3. 气囊式受电弓结构及参数

(1) 结构。气囊式（以 TSG18G1 型为例）单臂受电弓主要由底架、下臂杆、上框架、拉杆、气囊组装、平衡杆、弓头、系统阻尼器、气路、气阀箱、位置指示器、绝缘子组装等组成，如图 3-3 所示。当受电弓升起与接触网相接触时，通过滑板获取电流，由受电弓框架将电流传到底架，通过软编织线短接轴承和橡胶弹簧。最后由底架上的接线端将电流引入车顶装置。

图 3-3　气囊式受电弓外形图
1—底架；2—下臂杆；3—上框架；4—拉杆；
5—软编织线；6—弓头；7—平衡杆；8—系统阻尼器；9—气阀箱；
10—支撑绝缘子；11——双气囊升弓装置

(2) 参数见表 3-3。

表 3-3 TSG18 型气囊式受电弓参数

带绝缘子最小折叠高度（折叠位置，从车顶到滑板）	320mm+0/−10mm
落弓位最小工作高度	140mm
落弓位最大工作高度	2050mm
落弓位最大升弓高度	>2550mm
弓头长度	1700mm±10mm
额定电流	1500A
静态接触压力	120N±10N
可调整到的最大压力	140N
在接触网上的额定运行速度（等同于 DB-Type Re250 标准）	≤80km/h
受电弓重量（不包括支持绝缘子）	<140kg
额定气压	5.5bar
最大工作气压	9.0bar
降弓时间，从最大升弓高度算起	≤8sec
升弓时间，到最大升弓高度	≤8sec
安装尺寸	1100mm×900mm
气路接口	G1/4″
滑板	4Pcs.
在工作点，弓头悬挂支撑弹性刚度	c=（8800±10%）N/m
滑板最大宽度，从弓角算起	1700mm±10mm
滑板中心线宽度	300mm±3mm
碳滑板长度（15°截面末端）	1050mm±1mm
碳滑板尺寸（宽×高）	50mm×18mm
滑板托架	铝
支持绝缘子高度	80mm
支持绝缘子重量	1.24kg

4. 气囊式（TSG18G1 型）受电弓工作原理

(1) 升弓。将司机室的受电弓控制开关打到 UP 位（升弓位），此时受电弓电磁阀 VE 是得电动作，压缩空气进入气阀箱（如图 3-4 所示），通过气管和绝缘软管进入受电弓。

当气囊中的气压达到气阀箱中调压阀 R 的整定值时，受电弓将逐渐升起，与接触网以额定静态接触压力 F_k 接触。调节调压阀上 R 的旋钮，可调节弓网接触压力：顺时针旋转增大接触压力，逆时针旋转减小接触压力。

通过调节单向节流阀 DR_H，可调节气体流量大小，从而控制升弓速度，顺时针旋转减小流量，延长升弓时间，逆时针旋转增大流量，缩短升弓时间。

(2) 降弓。在正常情况下，气囊气压下降，受电弓降弓。当司机室的受电弓控制按钮打到 DOWN 位（降弓位）时，受电弓电磁阀 VE 是失电动作，气囊气压通过降弓节流阀排向大气，当气压减小时，受电弓在重力作用下被迫降弓落到降弓位。调节降弓节流阀 DR_S 可以调节降弓速度，顺时针旋转减小流量，延长降弓时间，逆时针旋转增大流量，缩短降弓时间。

为防止受电弓降弓时砸坏底架上的其他部件，在阻尼器内部设有一个缓冲装置，在阻尼器最后的 30mm 运动范围内阻尼会明显增加。

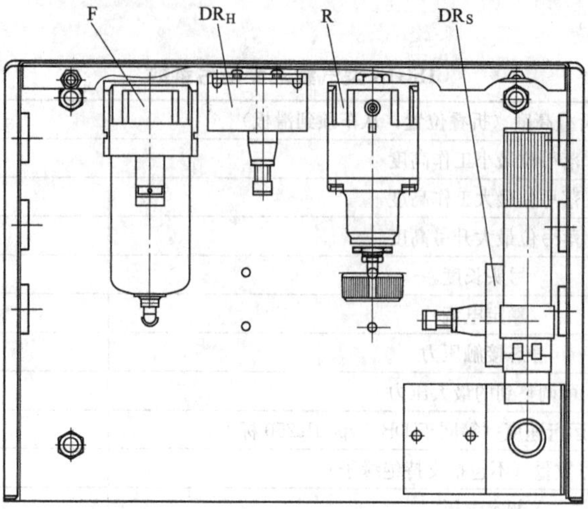

图 3-4 气阀箱内部结构图

F—空气过滤器；DR_H—升弓节流阀；R—调压阀；DR_S—降弓节流阀

(二) 下部受流器结构及工作原理

1. 结构

列车的下部受流器又称集电靴或受电靴，从第三轨受流，通过高速断路器后，将1500VDC 送入 VVVF 牵引逆变器。VVVF 牵引逆变器采用 PWM 脉宽调制模式，将1500VDC 直流电逆变成频率、电压可调的三相交流电，平行供给车辆四台交流鼠笼式异步牵引电机，对电机进行调速，实现列车的牵引、制动。

集电靴系统由电磁阀（连接风源）、集电靴整件及熔断器三大部分组成，包括绝缘框架、气动回退装置（含集电靴风缸）、拉簧压力系统、碳滑板、集电靴止档、回退柄、滑靴臂、调整支架、气管等结构，见图 3-5。

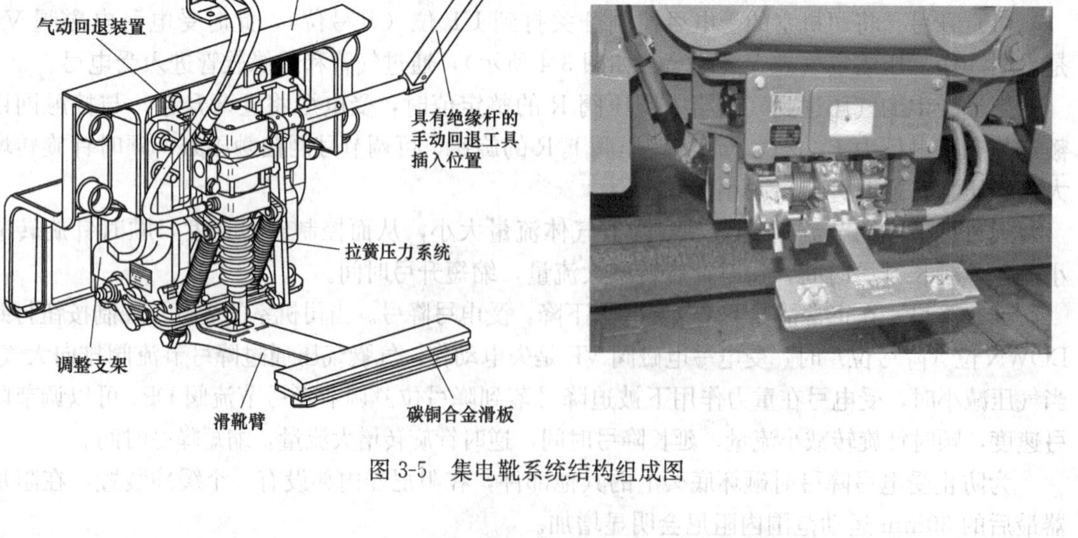

图 3-5 集电靴系统结构组成图

受流器控制系统中的主要元器件：受流器升、降按钮（每个司机室各一个，全车共四个）；控制模式转换开关（每车一个）；集电靴切除按钮（每车一个）；电磁阀（每个集电靴一个）；时间继电器（每车两个）。

2. 性能参数

(1) 升靴极限气压：4.0bar。

(2) 集电靴与第三轨的接触压力：120N±24N。

(3) 集电靴的升靴高度：252～262mm。

(4) 集电靴的降靴高度：145.5～155mm。

(5) 集电靴熔断器参数：DC1900V、600A。

3. 工作原理

驾驶室内的司机操纵台上有升降靴按钮，通过按压该按钮控制电磁阀动作，实现集电靴的升降。集电靴有两种控制方法，集中控制和本车控制。集中控制可操作整列车 20 个集电靴同时升降；本车控制只能降下单节车集电靴，但不能升起集电靴。

(1) 集中控制。集控状态时，集电靴模式开关须在“集中”位，集电靴“切除”按钮不能按下。

列车处于激活、停放制动缓解状态下，按压驾驶室内司机操纵台上的升降靴按钮，可控制集电系统中的电磁阀得失电，通过该电磁阀与车内的集电靴控制电路相连接，即可操作集电靴升、降运作。

当集电靴电磁阀一个线圈得电，另一个线圈失电时，电磁阀的阀芯被线圈的磁力吸引，产生动作，相应位置的工作口与进气口导通，与其相应的排气口关闭，同时另一个工作口关闭，相应的排气口导通，此时，集电靴气缸上部充气，气缸活塞杆带动杆下移，回收柄转动，带动集电靴主轴转动则集电靴升起。降靴时正好相反。

(2) 本地控制。本地控制时需将集电靴模式开关转换至“本地”位，按压集电靴“切除”按钮。

此时按压司机室的集电靴“升”、“降”按钮集电靴不会动作，可按压本地受流器“降”按钮，控制单节车集电靴降下。

三、任务实施

（一）准备工具

1. 工具清单

移动工作平台、吊装设备、弹簧秤（0～300N），秒表、卷尺、塞尺、绳索、砝码重物(110N、130N 各一个)、铅垂、扭矩扳手、水平仪、铝杆、扳手、高压油脂枪、受电弓试验台等。

2. 易损易耗材料

上框架组装、气囊组装、弓头组装、阻尼器、气阀箱、位置指示器、绝缘子、辅助升弓装置、绝缘软管、碳滑板、纺织导流线、软铜绞线、煤油、酒精、润滑脂、乐泰胶、螺纹密封胶、防松标记油漆等。

（二）检修受电弓

1. 预防性维护周期表

各地铁运营公司采用的受电弓结构、性能、工作原理均有所差异，因此不同受电弓的预防性维护周期表不尽相同，以弹簧式（Fb 型）受电弓维护周期为例，其检修周期大致可分为八级，见表3-4。

表3-4　　受电弓检修周期

序号	运营里程（km）	时间间隔
1	500	每天
2	5000或4000	每两周一次
3	20 000或30 000	每2个月（或3个月）一次
4	60 000	每半年一次
5	120 000	每年一次
6	240 000	每2年一次
7	600 000	每5年一次
8	1 200 000	每10年一次

2. 日检作业

对受电弓进行有规律的日常维护时，由于需要登顶作业，因此作业之前务必确保接触网断电，并将弓头锁定在底架上，维护工作结束后必须拆下锁钩。

日检作业时一般采用目测方法，分别目检受电弓各主要部件，要求底架无受损、裂纹、缺失或变形；导流线无断裂或松动；碳滑板无断裂、裂纹、过度磨损；支持绝缘子无裂缝、污染或撞痕；降弓位置指示器上、下感应面无污染；受电弓能正常升、降弓，无异响，各转动部件能够自由转动。

3. 双周检作业

双周检作业技术标准及检查方法见表3-5。

表3-5　　受电弓双周检作业标准

序号	部件名称	作业技术标准	检查方法
1	检查底架、下臂杆、上框架、拉杆、平衡杆、降弓位置指示器	1. 无明显松动； 2. 无明显损坏、变形	目测
2	检查受电弓弓头及滑板	1. 滑板无纵向裂纹、缺损应不超过接触滑板宽度的1/3； 2. 对滑板50mm范围内高度差小于5mm的凹槽用锉刀锉平，使其小于3mm，凹槽高度差大于5mm的，必须进行更换； 3. 滑板与端角应过渡流畅，且间隙应不大于2mm； 4. 滑板厚度（即受电弓接触滑板接触面距接触滑板固定器上部的距离）最低处均应不低于4mm； 5. 需更换受电弓接触滑板时，应同时更换4条滑板，使用新的螺母紧固；更换滑板后，应检查静态接触压力； 6. 各固定螺丝紧固状态良好	目测、钢尺检查

续表

序号	部件名称	作业技术标准	检查方法
3	检查导流线、橡胶弹簧元件、升弓钢丝绳、绝缘子	1. 各部件无破损； 2. 绝缘子无闪络，表面清洁； 3. 橡胶弹簧元件表面无油污、油脂； 4. 升弓钢丝绳润滑良好； 5. 各固定螺丝紧固状态良好	目测
4	检查气囊升弓装置、系统阻尼器、阀箱及气路	1. 各部件无破损，无泄漏； 2. 各固定螺丝紧固状态良好	目测
5	检查受电弓功能（需 700kPa 以上的压缩空气）	下按降弓按钮，检查受电弓降弓状态，降弓后降弓指示灯亮；下按升弓按钮，检查受电弓升起状态，升弓后升弓按钮指示灯亮	操作检查

4．季检作业

季检作业与双周检作业内容相比，比双周检作业多了弓网接触压力调节及升降弓时间调节两个项目（表 3-6），其余 5 个项目与双周检作业完全相同，在此不再赘述。

表 3-6　受电弓季检作业

序号	部件名称	作业技术标准	检查方法
1	检查并调节弓网接触压力	在 750kPa 以上风压下，升弓后用弹簧秤将弓头和接触网拉开，弹簧秤的读数应为 120N±10N	测量检查
2	检查并调节升降弓时间	在 750kPa 以上风压下，升弓时间 8s±1s，降弓时间 7s±1s	测量检查

5．年检作业

受电弓年检作业标准见表 3-7。

表 3-7　受电弓年检作业步骤、检查标准

步骤	项目	标准、要求	评分标准
1	清洁并检查受电弓绝缘子、浪涌吸收器	用棉布清洁表面，表面没有覆盖污垢或杂质； 表面无裂纹、安装紧固	手动清洁处理； 目视检查外观； 错误一项扣 5 分
2	检查底架、构架、缓冲器、下臂、导向杆和上臂	无松动； 无明显损坏、变形； 活动部件转动灵活，无卡滞现象	手动、目视检查； 受电弓各名称不能说错，错误一项扣 2 分
3	检查导线编织线	连接牢固，不与其他部件摩擦； 不起皱，无损坏或损坏低于截面的 10%	手动、目视检查； 错误一项扣 5 分
4	检查弓头簧片	无明显损坏、裂纹、变形、腐蚀，安装位置正确； 如有上述现象则更换	错误一项扣 2 分
5	检查滑板状态	无明显损坏、裂纹、变形； 无明显凹槽，对于深度小于 5mm 的凹槽用锉刀锉平，大于 5mm 的凹槽，必须进行更换； 滑板与端角过渡流畅，滑板与端角间隙不超过 2mm	目测检查，有必要时用钢直尺测量凹槽深； 错误一项扣 5 分

续表

步骤	项目	标准、要求	评分标准
6	进行润滑维护	用润滑油对下臂、下导杆和气压升弓传动装置进行润滑（共7处）； 用润滑油对受电弓球形垫圈、弹簧装置的滚动链及上导杆的旋转头进行润滑	少一个润滑点扣2分，润滑油名称不正确扣2分
7	检查并调节弓网接触压力	慢慢将弓头和接触网间的接触拉开，弹簧秤的读数应为120N±10N	用弹簧秤测量； 测量位置及接触压力值错误每项扣5分
8	检查并调节升降弓时间	在7.5bar以上风压下，升弓8s±1s，降弓7s±1s	用秒表检测； 升降弓时间错误每项扣2分
9	检查受电弓功能（蓄电池电压正常，风压大于7.0bar）	升降功能正常（升弓后TMS-MMI受电弓图标显示正常、网压正常）	司机室操作检查（有电功能检查）； 要求检查升弓后TMS-MMI受电弓图标显示正常、网压正常，每项错误扣5分

6. 受电弓故障处理（表3-8）

表3-8　受电弓故障分析及处理措施

序号	错误信息	直接原因	故障处理措施
1	碳滑板过度磨损	均匀磨损显示运行正常	检查滑板并更换
		滑板上的槽，由于接触网上的故障	更换滑板
2	接触电网的弓头放电	低气压，接触力太低	检查更换有故障的气动部件
		弓头被阻挡或变形	检查弓头是否自由动作，如果需要，进行修理或更换
		新的接触网	按照其磨损进行解决
3	无法升弓	控制电路故障	检查线路，如果需要，进行修理
		空气管路故障	检查管路是否漏气或检查插头，如果需要，进行修理
			检查管路压力和风源压力，更换有故障的气动部件
		轴承故障	检查轴承，如果需要，加润滑油，或更换受电弓轴承
4	无法降弓	控制电路故障	检查线路，如果需要，进行修理
		气囊故障	检查气囊，如果有缺陷就更换

7. 安全扭矩

统计弹簧式（Fb型）受电弓上各结构组成部件中所采用的安装螺栓，其数量、尺寸大小、材料及与安全性有关的所有拧紧力矩见表3-9，检修工应遵循相关规定。

表 3-9 受电弓各安装螺栓紧固扭矩

安装位置	螺栓大小	材料	扭紧力矩/（N·m）	数量
底架	M6	A2	8.5	2
	M10	A2	40	2
	M16	A2	120	1
弓头支承弹簧	M16	A2	150	2
下臂杆	M10	A2	40	1
	M20	A2	250	2
上框架	M6	A2	8.5	2
	M8	A2	20	2
	M10	A2	40	2
	M20	A2	250	2
拉杆	M16	A2	120	2
	M20	A2	180	1+1
气囊装置	M8	A2	20	2
	M16	A2	120	2
	M8	Polyamide	5	1
	M30×1.5	Polyamide	40	1
	G3/8″	Polyamide	10	1
平衡杆	M8	A2	20	2
	M10	A2	40	1+1
弓头	M5	A2	5	2
	M8	A2	20	2
	M10	A2	40	2
阻尼器装置	M10	A2	40	2
	M12	A2	50	2
气路装置	M5	A2	5	2
	M8	A2	20	2
导流线	M8	A2	20	2
	M10	A2	40	2
降弓位置指示器装置	M4	A2	2.6	1
	M6	A2	8.5	1
	M8	A2	20	2

（三）检修集电靴

进行集电靴检修作业之前，务必确保列车处于断电状态，并挂好禁止动车牌，穿戴好防滑绝缘鞋、工作服、安全帽。

1.（双）日检作业

集电靴的日常维护中主要采用目测、手动的方法检查集电靴整件与集电靴安装座安装是否牢固；集电靴机架与绝缘底座安装是否牢固，防松标记线有无错位，白色防护罩安装紧固有无丢失。高压电缆与集电靴受流臂连接牢固，接触表面无间隙，螺栓防松线清晰无错位。

要求集电靴碳外观正常，滑板外观无异常、手摇无松动，绝缘软管无松动和损伤。检查集电靴升靴止档无断裂或破损，升靴止档防松垫片正常。集电靴熔断器箱通风孔无丢失，开口应朝下。

2. 双周检作业（表 3-10）

表 3-10　　集电靴双周检作业

序号	部件名称	作业技术标准	检查方法
1	白色防护罩	紧固无丢失，内部无积水	目测
2	安装螺栓	螺栓无松动、防松标记清晰可见	目测
3	集电靴风管及接头	空气管路无锈蚀、无漏泄破损，接头无松动、防松标记线清晰可见	目测、听检
4	调整齿板及安装螺栓	安装螺栓无松动、防松标记线清晰可见、齿板上无杂物	目测
5	绝缘底座	与集电靴安装座密贴，外观完好无破损、无裂纹、表面干净、无碳粉积累	目测
6	升降装置	安装螺栓无松动、防松标记线清晰可见、橡胶保护套无破损	目测
7	电磁阀	阀体安装牢固、电源插头安装牢固、电源线无破损、消音器无松动或丢失	目测、手摇消音器
8	高压线	与受流臂接触面密贴，牢固、防松标记线清晰可见，线缆外皮无破损、变形	目测
9	碳滑板	磨耗未到限（不小于 5mm），滑板与托架无相对运动，无断裂，安装螺栓牢固	目测断裂情况、手摇碳滑板
10	受流臂	完好无裂纹、断裂	目测
11	熔断器	熔断器箱体安装牢固、防松标记线清晰可见，箱盖密封良好	目测、手动

3. 季检作业（表 3-11）

表 3-11　　集电靴季检作业

项目	作业步骤	作业标准	工器具材料
集电靴整体状态	1. 检查集电靴整体状态； 2. 检查集电靴安装座状态； 3. 检查集电靴绝缘底座状态； 4. 检查碳滑板状态； 5. 检查高压电缆及接头连接状态； 6. 检查集电靴各部件； 7. 检查集电靴清洁状态； 8. 检查集电靴机械止挡滚轮与回退臂配合状态	1. 集电靴安装牢固，表面干净、无碳粉积累；防松线无错位；白色防护罩安装紧固无丢失，受流臂转动灵活、转轴处无卡滞，开口销全部位于安装孔内。 2. 集电靴安装座与转向架密贴，紧固螺栓无松动，防松标记线清晰可见。 3. 绝缘底座表面干净，无碳粉积累，无损伤。 4. 碳滑板安装牢固，表面光滑无大面积脱落，碳滑板厚度磨损未过限（5mm），否则更换。 5. 高压电缆外皮无破损，与集电靴受流臂连接牢固，接触表面无间隙，连接螺栓防松标志线清晰可见。 6. 集电靴上各部件安装牢固，调整齿板齿间无杂物，空气管路无破损，接头片无泄漏，弹簧无断裂。 7. 用干抹布擦拭集电靴各部件，表面需清洁无污物。 8. 集电靴机械止挡滚轮位于回退臂凹槽内，无间隙	手电筒；抹布；38 件套；画线笔

续表

项目	作业步骤	作业标准	工器具材料
电磁阀	1. 检查集电靴电磁阀状态； 2. 检查集电靴电磁阀控制线缆及插头安装状态	1. 集电靴电磁阀外观完好，安装牢固无松动； 2. 集电靴电磁阀控制线缆无破损，线缆插头安装牢固	手电筒，38件套
测量距离	1. 集电靴处于升靴状态时测量碳滑板接触面距运行轨的距离； 2. 集电靴处于降靴状态时测量碳滑板接触面距运行轨的距离	1. 集电靴处于升靴状态时，碳滑板接触面距运行轨的距离为250mm±5mm； 2. 集电靴处于降靴状态时，碳滑板接触面距运行轨的距离为145mm±5mm	钢尺，铝合金板，活动扳手，手电筒
集电靴熔断器	1. 将导线与万用表其中一根探针连接； 2. 将万用表选在蜂鸣档； 3. 万用表探针一端与碳滑板接触，万用表另一探针与另一碳滑板接触	万用表必须有蜂鸣声	万用表导线，约25m

（四）更换碳滑板

1. 更换受电弓上的碳滑板

受电弓碳滑板与接触网形成一对动摩擦副，是受电弓的主要磨损件，因此每次例行检查时都应检查滑板。一般滑板的磨损量不允许超限，滑板到铝托架的厚度极限值不低于5mm。

（1）安全注意事项。受电弓的额定工作电压为DC1500V，因此更换碳滑板时，必须确保车辆在接触网无电区段，对车辆进行高压隔离及接地。列车蓄电池非激活，挂好禁止动车牌，系好安全带，穿好绝缘工作鞋、戴好安全帽。

（2）工器具材料。移动工作平台，需使用38件套、扭矩扳手、手电筒等工具，以及碳滑板、导电脂、画线笔、毛刷等物料。

（3）更换工艺步骤：

1）用扳手拆卸受电弓碳滑板上四个M8的安装螺母、四个弹性垫圈和四个自锁螺母，将螺母及垫圈放于工具箱内。

2）用蘸有酒精的干净纯棉抹布将碳滑板安装面残留的导电脂擦拭干净。

3）用毛刷在受电弓碳滑板四个安装螺钉周围均匀涂抹导电脂。

4）将受电弓碳滑板放于铝托架的安装孔处，确保滑板与接触弓头平滑接触，必要时，可采用锉刀将滑板磨平。

5）用扭矩扳手紧固碳滑板安装新的螺母，力矩为20N·m。

6）螺母紧固完毕后按标准画好防松标记线。

7）依次更换剩余的三条碳滑板。

2. 更换集电靴上的碳滑板

（1）安全注意事项。接触轨必须断电，列车处于断电状态，列车蓄电池非激活，挂好禁止动车牌，穿好绝缘工作鞋、戴好安全帽。

（2）工器具材料。需使用38件套、扭矩扳手、手电筒等工具，以及集电靴碳滑板、导电脂、画线笔、毛刷等物料。

(3) 更换工艺步骤：

1）用棘轮扳手拆卸集电靴碳滑板四个M8的安装螺母，将螺母放于工具箱内。

2）用蘸有酒精的干净纯棉抹布将集电靴碳滑板安装面残留的导电脂擦拭干净。

3）用毛刷在集电靴碳滑板四个安装螺钉周围均匀涂抹导电脂。

4）将集电靴碳滑板放于受流臂的安装孔处。

5）用扭矩扳手紧固碳滑板安装螺母，力矩为22N·m。

6）螺母紧固完毕后按标准画好防松标记线。

(五) 调试

1. 气囊式（TSG18G1型）受电弓调试（表3-12）

调试受电弓时必须将接触网断电，若在无架空线的轨道上调试，应用一根绳子固定受电弓，谨防受电弓跳至高于其设计的最大升弓高度，导致主要零件损坏。

表3-12　　气囊式受电弓调试

序号	部件	方法	结果
1	受电弓	当受电弓在工作条件（产生了压缩气体）下时，检查整个工作范围上的自由移动； 在受电弓整个工作范围内能自由移动	不发出任何异常噪声
2	受电弓阀箱	在静止状态下，检查接触压力； 静止状态下接触力应设定为平均值为120N； 精确调整接触压力的方法是：先通过弹簧秤以0.05m/s的速度匀速朝下运动，然后以相同速度向上运动，在受电弓升起不同高度时，测量受电弓的接触压力； 设置精密调压阀整定值约为5.5bar	压力表M显示约5.5bar。接触压力约为120N
3	阀箱	升弓时间：受电弓必须处于最低位置，用秒表检查受电弓升到最高位所需的时间。如果时间不符合，则调整升弓单向节流阀	秒表显示：≤8s
4	阀箱	降弓时间：受电弓升至2050mm处（测量自绝缘子下部边缘至碳滑板上部边缘的距离），用秒表检查受电弓降到最低位所需的时间。如果时间不符合，则需调整降弓单向节流阀	秒表显示：≤8s

2. 集电靴调试

集电靴调试项目及相应的技术标准见表3-13。

表3-13　　集电靴调试

序号	项目名称	方法	调整项目	结果
1	集电靴位置	松开集电靴的安装螺母，上下移动一个或几个齿槽，调节调整机架的位置	滑靴自由延伸的位置	51mm±2mm高于正常位置
			滑靴锁定时的位置	55mm±2mm低于正常位置
2	集电靴网线接触压力	调节弹簧力	额定静态压力	120N
			静压力调节范围	120N±20%

续表

序号	项目名称	方法	调整项目	结果
3	集电靴张开、闭合时间	调节时间继电器的延时时间	升臂时间（受流臂离开止挡到最大工作高度）	≤15s
			降臂时间（最大工作高度到受流臂降落到止挡位置）	≤15s

受流器受取的电流，将通过高速断路器传递到贯穿整列车的母线上，列车上的牵引逆变器和辅助逆变器则从母线上取流，供给各用电设备。

任务二　高速断路器检修

一、任务描述

高速断路器是用来接通和断开城市轨道交通车辆高压电路的高压开关，是车辆的重要保护装置，当主电路发生短路、过载故障、逆变器故障或线路短路时，可快速切断主电源。为提高保护性能，要求高速断路器开关动作迅速、可靠，并具有足够的断流容量。

动车上的 VVVF（变压变频）逆变器通过高速断路器（HSCB）与来自受流器的高压电源相连。由于受流器不带灭弧装置，因此升弓或降弓前，必须先断开 HSCB。

通过按压司机操作台上的执行按钮（HSCB ON 打开、或 HSCB OFF 切断），可手动控制 HSCB 的通断。在列车正常行驶过程中，根据 HSCB 的情况，只有激活的司机室内的执行按钮是点亮的。司机使用司机室内的任何一个紧急按钮均可启动紧急制动，在“紧急停车”的情况下，HSCB 将自动跳闸，之后才降弓。

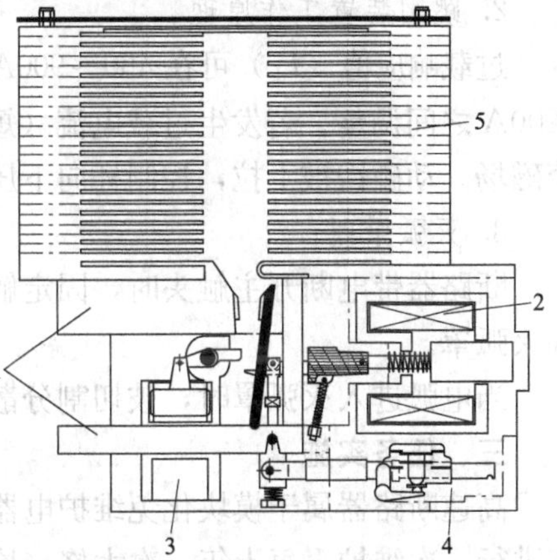

图 3-6　高速断路器结构

1—主电路（主触头）；2—闭合装置；3—跳闸装置；4—辅助触头；5—灭弧罩

二、相关知识

（一）高速断路器结构及参数

1. 结构

UR6 型高速断路器由主电路（主触头）、跳闸装置（脱扣装置）、闭合装置、辅助触头和灭弧罩等组成，如图 3-6 所示。

2. 参数（表 3-14）

表 3-14　高速断路器参数

高	485mm
长	420mm
深	165mm
总重	37kg
安装位置	垂直悬挂
额定电流	1000 A

续表

工作电压	2kV
执行机构	电气
保持类型	电气
线圈电压	DC 110 V
跳脱范围	1200～2400A
过流跳脱的预设值	1800 A

（二）高速断路器工作原理

高速断路器在车辆上属于电磁传动高压电器，自带灭弧系统及自动跳闸装置，其工作原理可从三方面简述。

1. 触头工作原理

当闭合装置中的电磁线圈得电时，产生电磁力，通过机械装置拔动动触点运动，与固定触点接触，连通主电路，同时控制杆推动常开联锁触点闭合，产生一个反馈信号。0.5s 脉冲后，闭合线圈回路接入保持电阻 R_m，使闭合线圈的电流维持在合闸瞬间电流的 5%。

当闭合装置中的电磁线圈失电时，电磁力消失，在弹簧力复原作用下，动触点快速返回，断开主电路。控制杆复位，常开联锁触头释放。

2. 跳闸装置工作原理

过载响应值（I_{ds}）可在 450～900A，600～1200A，900～1800A，1200～2400A 或 1500～3200A 之间调整。若发生过载电流（短路或过载），主电路形成的线圈在断路磁铁中产生一个磁场。动磁铁被上拉，控制杆向下压叉，可快速松开动触点，断路器跳闸或脱扣。

3. 灭弧原理

断路器带电断开主触头时，固定触点和动触点之间产生的电弧被引弧板及电动力迅速推入灭弧罩。

当电弧进入灭弧罩时，被切割分散进入导流片，通过灭弧罩散热直到消失。

三、任务实施

高速断路器属于模块化免维护电器，常规预防性维护内容很少，通常每隔一年或每隔两年进行一次维护，每十年一次大修，检修维护内容及方法有所不同。以每年的维护内容为例讲解如何维护高速断路器。

（一）准备工具

维护高速断路器之前应准备方孔钥匙、38 件套、扭矩扳手、手电筒、画线笔、3mm 圆柱销、灭弧室塞尺、弹性垫圈、六角螺母、螺钉、直流 110V 外部电源等专用工具及材料。

同时还应准备清洁剂、凡士林、防锈油等消耗品。

（二）维护高速断路器

为安全作业，维护高速断路器前必须采取安全措施，包括施加停放制动或使用止轮器防止 6 节编组列车或车厢单元意外移动，同时降弓、断开主电路电源，将列车与接触网隔离等。

使用方孔四角钥匙打开对应的高压箱正面安装盖板上的压缩插销，从高压箱上拆下安装盖板之后，再使用方孔四角钥匙打开高压箱后部左侧维修盖板和中间维修盖板上的压缩插销，从高压箱上拆下维修盖板，并拆下 HSCB 罩的前部，开始对高速断路器进行目视检查。

（1）检查高速断路器有无损坏、污染，以及底座是否牢固。

（2）检查因电弧放电，造成触点的磨损情况，如图 3-7 所示。

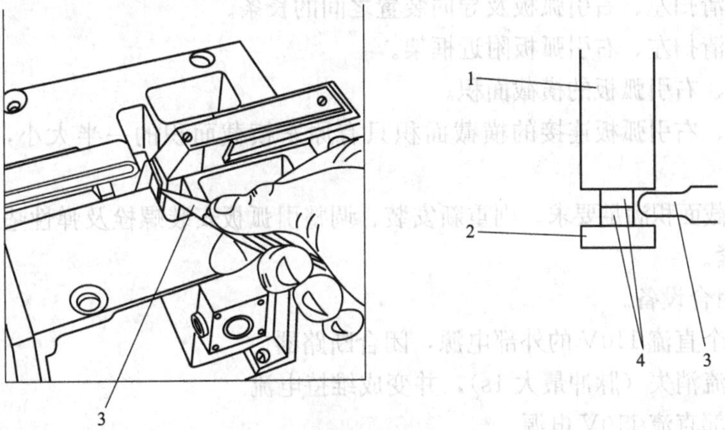

图 3-7　触头磨损的测量图

1—上部连接；2—移动触头；3—圆柱销 3mm；4—接触块

1）推动移动触头向上部连接移动，通过使用支柱（木质或者塑料材料）将接触块闭合。

2）在移动触头与上部连接之间距离接触块上部一半距离处插入一个 3mm 的圆柱销。

3）如果无法插入，则必须更换高速断路器。

4）释放移动触头。

若高速断路器处于未拆卸的闭合状态，可用磨损深度尺通过线圈端的端盖插向电磁铁，若深度尺标记外突，说明触头磨损未到限，处于正常状态。若深度尺标记与盖前部平齐，说明触头磨损到限，需更换动、静主触头及触头上的左、右引弧板。

（3）检查由于电弧放电所致的电磨损情况。

1）在图 3-8 中灭弧罩的变流装置中间大约 10mm 处插入一个 0.5mm 厚的灭弧室塞尺。

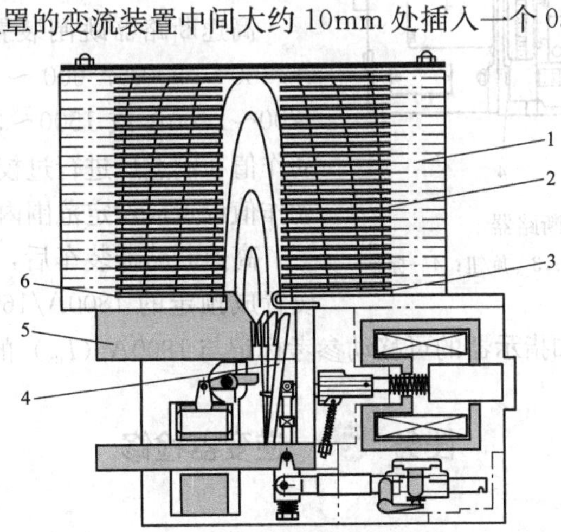

图 3-8　高速断路器结构图

1—灭弧罩（去离子器）；2—变流装置；3—右引弧板；4—动触头；5—固定触头；6—左引弧板

2）如果灭弧室塞尺不能安放在头五个变流装置之间，则应更换高速断路器。

（4）检查由于电弧放电导致的引弧板磨损情况。

1）将图 3-8 中左、右引弧板上的六角头螺栓、弹性垫片及引弧板一起拆除。

2）用刷子清扫左、右引弧板及导向装置之间的长条。

3）用刷子清扫左、右引弧板附近框架。

4）检查左、右引弧板的横截面积。

5）如果左、右引弧板连接的横截面积只有原来横截面积的一半大小，则更换高速断路器。

6）如果横截面积满足要求，则重新安装、调整引弧板安装螺栓及弹性垫片，用 15N·m 的紧固扭矩拧紧。

（5）检查闭合设备。

1）连接一个直流 110V 的外部电源，闭合断路器。

2）闭合电流消失（脉冲最大 1s），并变成维持电流。

3）切断外部直流 110V 电源。

4）检查移动触头和叉杆是否快速恢复到静止位置。

5）拆除外部电源。

（6）维护结束。

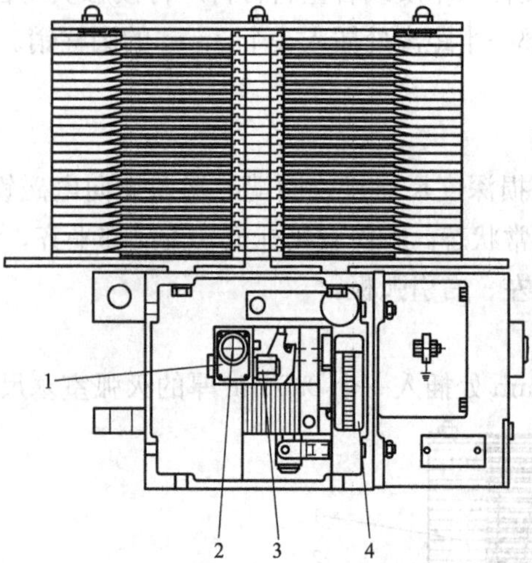

图 3-9　高速断路器

1—刻度板；2—脱扣指示器；3—旋钮；4—标签

1）将 HSCB 罩的前部分安装到 HSCB 上，使用适当的清洁剂清洁安装盖板和维修盖板的衬垫，用一薄层凡士林润滑衬垫。

2）将安装盖板和维修盖板放到高压箱上，使用方孔钥匙锁紧压力插销。

3）闭合高速断路器，接通列车电源，移出止轮器。

（三）高速断路器脱扣器动作值调整

高速断路器跳闸装置过载响应值（I_{ds}）可在 450～900A，600～1200A，900～1800A，1200～2400A 或 1500～3200A 之间调整。脱扣动作值在制造厂进行过校准，厂商供货时将脱扣动作值设置成设定范围内的最低电流值。

高速断路器装车后，须将跳闸动作值（I_{ds}）设置成预定的 1800A/1600A。通过紧固或者松动旋钮（图 3-9），将脱扣指示器的可移动参考标记与 1800A（I_{ds}）的刻度盘数字对齐即可。

任务三　逆变器检修

一、任务描述

受流器从接触网取用的 1500VDC 高压电，经高压电缆直接进入 PH 箱及 PA 箱。

PH 箱由高压系统和 MCM（牵引逆变器/电机逆变器）组成，高压系统包括线路断路器、隔离接地开关、带接触器的车间电源插座、内部和外部风扇、熔断器、I/O 单元、充电电路和去耦二极管等高压设备。MCM 由三相逆变器、控制板和保护元件等设备组成，又称 VVVF 逆变器。

PA 箱主要由一个 MCM 和一个 ACM（辅助逆变器）组成，此外还包括两个充电电路、EMI 电容器、三相辅助滤波器、辅助变压器（三相电压）、内部和外部风扇等。

从机械结构组成看，每个 PH 和 PA 箱分为三个主要部分：一个敞开式通风的中间部分，由外部空气冷却；一个 MCM，在中间部分的一侧，可从列车的一侧进入并完全封闭；一个高压 HV 部分（PH 箱）或一个 ACM 部分（PA 箱），分别安装在中间部分的另一侧。从外观上看，ACM 通常与 MCM 高度相当，而 HV 部分则更高些，如图 3-10、图 3-11 所示。

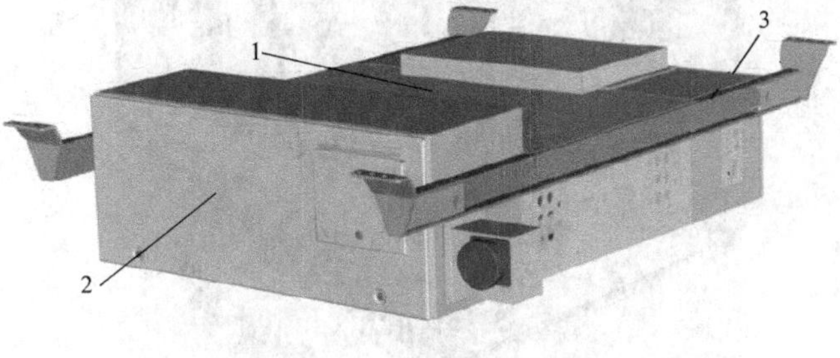

图 3-10　PH 箱结构图

1—中间部分；2—HV 部分；3—MCM 部分

图 3-11　PA 箱结构图

1—MCM 部分；2—ACM 部分；3—中间部分

PH 箱和 PA 箱均使用两根超过整个底板宽度的横梁把箱挂在列车底板上，每个箱的三部分结构均安装在这些横梁上，通过横梁末端的接合器连接到列车底板上。

为便于维修，逆变器箱都采用模块化设计。逆变器的各个结构组成模块的连接都采用螺栓、插入或滑入式类型，包括电缆连接，电子信号连接和冷却剂连接等，拆除简便易行，无需专用工具。

与其他电气部件一样，逆变器经过一段时间的运用，也需要进行维护和检修。本任务以 ICON-M 型号的逆变器模块为例，对逆变器结构、检修维护等方面进行介绍。

二、相关知识

（一）牵引逆变器简介

1. 结构

电机逆变器（MCM）包括三个主要的子系统：三相逆变器、DC-link 电容器和过压/制动斩波器。还包括DCU/M、供电单元、IGBT门极驱动单元、电流传感器、电压传感器、放电电阻等模块，如图3-12所示。

MCM内部的控制计算机（DCU/M）负责控制和监督三个主要的子系统。在MCM中设有一个直流24V电源，为本地控制计算机DCU/M、门极驱动单元和相关测量装置供电。

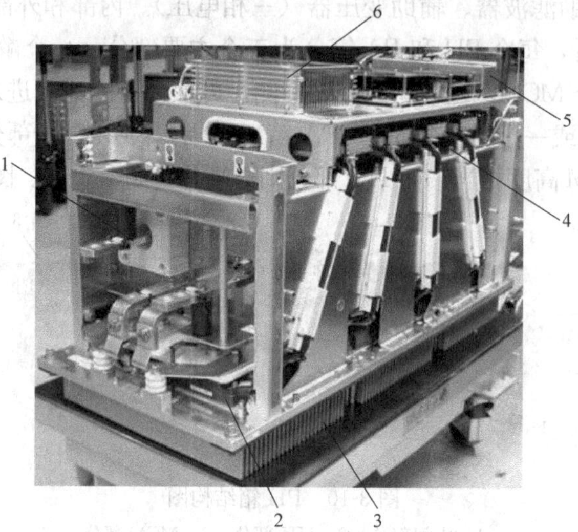

图3-12　牵引逆变器（MCM）结构图

1—电流传感器；2—IGBT；3—散热片；4—门极驱动单元；5—控制微机DCU/M；6—供电电源

按机械结构划分，模块包括以下部件：功率部分及高压设备电子单元、计算机和电源控制部分、电容部分。

2. 功能

三相逆变器的主要功能是把从DC-link电容获得的直流电压，变换为频率、电压同步变化的三相交流电压，由DCU控制驱动一节动车上的四个三相异步电机。

牵引逆变器具有可逆功能，当列车处于牵引模式时，逆变器处于牵引状态，电流从直流侧流向交流侧，驱动牵引电动机作牵引运行，输出机械功率；当列车处于电制动模式时，电机运行于发电机状态，输出制动转矩，使列车减速，此时电机输出三相交流电，经逆变器变换后，向直流侧输送，电流从交流侧流向直流侧。

DC-link电容器起能量缓冲的作用，通过电容稳定直流侧的电压，使直流侧电压波动在允许的范围内，以便实现逆变器的精确控制。

三相逆变器由三相逆变桥臂构成，每相桥臂有两个IGBT模块。

门极驱动单元（GDU）向IGBT门极输入电压驱动信号，驱动IGBT开通和关断。IGBT的切换使U、V、W三相输出在DC+电压和DC−电压之间变化的PWM功率脉冲，实现对牵引电机的变频调速控制。

为了检测过压保护主电路中故障，需要对通过IGBT的电压进行监控。测量到电压值与IGBT发出命令的值之间存在任何差异都将导致故障指示。

制动/过压斩波器在牵引和制动模式下都能激活过压保护，当直流侧电压出现瞬时过压时，启动过压斩波器，保护MCM。当检测到DC-link电容器的电压超过整定值时，两个过压斩波相均被激活，能量在制动/过压电阻中消耗，使 DC-link 电压降低。当电压下降到达整定值以下时，关闭过压保护。

电子箱内有一个±24V 低压电源，向 DCU/M、电压测量传感器和电流测量传感器提供直流工作电压。

MCM 计算机（DCU/M）负责监控和控制 MCM 的大部分功能，通过 MVB 总线与列车计算机（VCU）连接，用于牵引控制的输入与输出信号。

3. 冷却

VVVF 逆变器采用强制风冷，通过 FSA 滤尘器将空气从侧面吸入，再导向紧凑型逆变器的散热器，设备风机将气流方向转变 90°，然后穿过线路电抗器将气流从出风口格栅吹向轨道。

（二）辅助逆变器简介

1. 结构

辅助逆变器模块的设计与电机逆变器模块极其相似。

ACM 安装在底架的 PA 箱中，通常包括以下部件：电容单元包含 DC-link 电容器、DCU/A 组成、斩波器相、电源单元、IGBT 门极驱动单元和散热片、电流传感器、电压传感器及放电电阻。

其主要子系统为：三相逆变器、DC 链接电容器和过压斩波器相。内部控制计算机（DCU/A）对这三个系统监控，如图 3-13 所示。

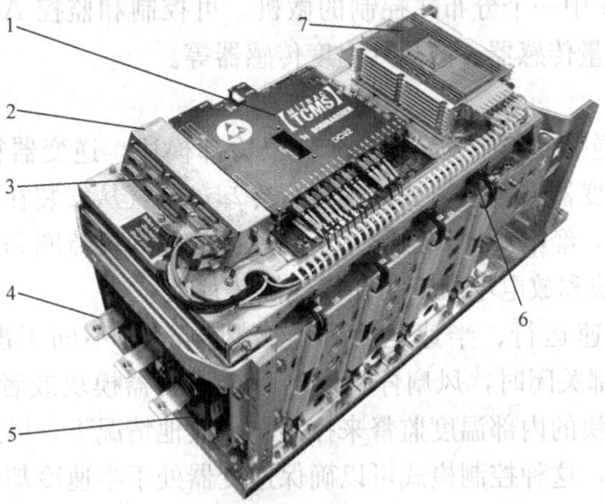

图 3-13　辅助逆变器（ACM）结构图

1—驱动控制计算机 DCU/A；2—接线盒；3—MVB 接口；4—导电条，连接牵引电机；5—电流传感器；6—门极驱动单元；7—供电电源

ACM 直接与 DC 链接电压连接，将 DC 电压转换为一个三相电压。

三相电压变压转换为额定二次电压之后，向列车辅助系统供应，如空调、空气压缩机等。三相过滤器削弱所有逆变器中的谐波，因此总的谐波畸变少于基础频率 50Hz 的 10%。

列车上有两个独立的车载线路用于三相交流供电，分别通过接触器与对应的负载连接。若列车上其中一个辅助逆变器模块故障，另一个将接替其功能，为列车上所有的负载供电。电子箱安装在模块前部，所有模块零件均易从列车上逆变器箱中拆卸。

2. 功能

供电系统为辅助逆变器提供的电压是1500VDC，ACM的功能是将DC-link电容器链接电压逆变成三相交流电压，经滤波和变压后，向列车辅助系统供电，如空调设备、空气压缩机、设备通风装置、司机室通风装置、蓄电池充电器等。

ACM是一个完整的逆变器模块，直接与DC链接电压连接，模块含有一个OVP（过压保护）和一个6脉冲逆变器。当线路发生短路产生过高电压脉冲时，通过开关过压保护（OVP）可使DC网压限制在高低电压间，当启动OVP时，过压电阻器中的能量消散，DC网压开始下降，当电压等级达到其低限，OVP失效。如果DC网压持续增长高于过压等级，指示DC网过压，发出保护关闭指令。如果在正常操作过程中DC网压低于欠压等级，指示DC网欠压，保护模块发出指令，以保护设备不受损坏。

ACM中的DC链接电容器是一个能量缓冲器，保证有足够的电容使DC链接电压波动在允许的范围内，并精确控制逆变器。

在逆变器模块上有3个逆变器导电相引脚：U、V和W导电相，每个相引脚上有两个IGBT模块。ACM是基于IGBT的技术，GDU控制IGBT的打开和关闭，向门极终端输入一个电压信号，经IGBT切换得三相AC 380V的电压。

切换命令从DCU/A中，通过光缆传送，GDU根据DCU/A命令，控制打开和关闭IGBT。每个相引脚有两个GDU，每个IGBT模块一个。GDU应尽可能与IGBT模块靠近，使门极和监控电缆尽量短。

DCU/A是在ACM中一个分布式控制的微机，可控制和监控ACM中的所有设备，如逆变器、电压和电流测量传感器、散热片温度传感器等。

3. 冷却

ACM设计时，在逆变器箱中安装了一个空气冷却模块，逆变器箱中其他模块可共同使用该冷却设备。辅助逆变器采用强迫式风冷进行冷却，空气从安装在辅助逆变器箱前端的双喷口进风格栅进入箱内，经电源模块散热片，到后面的输入扼流圈和主变压器，最后从箱底排风口排出。IGBT模块和放电电阻安装在接地散热片上。

风扇可在停机、全速运行、半速运行和监督风扇运行不同工况下切换。当ACM和MCM上的分离接触器都关闭时，风扇停机。当一个逆变器模块或者两个同时发出命令时，风扇全速运行，通过模块的内部温度监督来控制。在其他情况下，风扇均半速运行。如果当前有一个模块正在运行，这种控制模式可以确保逆变器处于半速冷却状态，只在必要时才启动全速制冷。如此可以减少风扇功率消耗和噪声级。

三、任务实施

当在PH箱或PA箱中维护牵引逆变器和辅助逆变器时，由于系统内带危险性高压部件，因此必须由具有资质的人员才可进行维护作业。即使已经切断DC1500V的高电压、断开了蓄电池，也可能因储能电容器释放危险电压，而导致人身伤害甚至致命的严重事故，为此断电后需等待至少20/5min（PH箱放电20min，PA箱放电5min），电容器放电完毕方可作业。

作业前还需将列车可靠停稳，施加停放制动或使用铁鞋防止列车意外移动。

（一）牵引逆变器检修

1. 预防性维护

根据厂家技术文件，牵引逆变器日常维护主要采用预防性维护，包括目视检查电气元件、清洁 MCM、散热器等作业内容。

（1）目视检查 MCM 外部及导电条。

1）MCM 的外部是否损坏、是否清洁。

2）导电条的连接螺栓是否拧紧。

3）导电条无污染或被损坏，如若损坏，必须更换。

4）导电条针式绝缘体是否拧紧。

5）导电条针式绝缘体无损坏、破裂。

（2）目视检查 MCM 电缆。

1）进出 MCM 的电缆及其内部的电缆无损坏。

2）没有电缆束从任何连接器或接触处突出来。

3）导线绝缘完整无损、即无破裂或磨损。

4）导线安装牢固、完整无损坏。

5）所有导线都是两端连接紧固，当列车振动时，连接点不松脱。

6）电缆无相互摩擦、互相挤压等现象。

（3）目视检查电气元件。

1）没有电气元件受到污染，否则要更换污染的电气元件。

2）所有电路板和电路板上的元件完好无损，电容和电阻是否肿胀，否则要更换损坏的元件。

（4）目视检查滑动条是否紧固。

（5）清洁 MCM。

1）使用工具及耗材：真空吸尘器、压缩空气、清洁剂（异丙醇）、不脱毛纸、研磨布等。

2）用真空吸尘器和压缩空气除去污染物。

3）用带有清洁剂（异丙醇）的不脱毛纸将 MCM 擦干净。

4）用一块研磨布清洁导电条，若导电条的接触表面划伤或损坏，必须更换。

（6）检查散热器。

1）使用工具及耗材：镜子。

2）拆下入口格栅连接螺钉。

3）用镜子检查散热器是否清洁，如果不清洁，按第（7）步清洁散热器。

4）重新安装入口格栅，紧固连接螺钉。

（7）清洁散热器。

1）使用工具及耗材：真空吸尘器、带长喷雾嘴的高压清洁机械、清洁剂。

2）拆下连接螺钉，两人合力拆下底板。

3）拆下连接螺钉，拆下入口格栅。

4）用吸尘器清洁散热器上面的灰尘。

5）用高压清洗机从散热器的上面喷水，清理灰尘及异物。

6）检查散热器的下面有污染时，用喷水清洗。

7）安装螺钉，重新安装入口格栅。

8）紧固螺钉，两人合力重新安装底板。

预防性维护之后，还需进行一些诊断性维护及检修，比如更换牵引逆变器 IPM 模块及制动斩波器 IGBT 模块、更换放电电阻、更换 DCU、更换电源单元、更换各种传感器等。

2. 更换牵引逆变器 IPM 模块

（1）安全注意事项。要求列车必须处于断电状态，蓄电池非激活，挂好禁止动车牌。工作人员必须穿工作鞋，戴安全帽。

（2）工器具及材料。要求准备 38 套件、内六角扳手一套、扭矩扳手、手电筒、人字梯、方孔钥匙等工器具，并准备乙醇、白棉布片、绑扎带、画线笔、绝缘导热硅脂等消耗品。

将人字梯置于作业地沟内，一人负责拆装、一人负责照明、一人负责传递工具，谨防跌落、撞伤等事故。

（3）拆卸损坏的 IPM 模块。

1）用四角钥匙将牵引逆变器箱体上“过滤电容 FC”、“制动斩波器 BCH”盖板打开。

2）拆卸滤波电容器与充电母排连接螺栓。

3）拆卸滤波电容器与逆变器箱体底部安装螺栓，取下滤波电容器母排。

4）两人合力从箱体中抬出滤波电容器。

5）拔下三个 IPM 电源模块上的接线插头。

6）拆卸安装有 IPM 电源模块横杆的安装螺栓，取出装有 IPM 电源模块的横杆。

7）拆卸 IPM 母排与输出线排的连接螺栓、更换 IPM 模块的母排。

8）拔下 IPM 模块上的光纤插头、电源插头。

9）拆卸需要更换的 IPM 模块的安装螺栓（每个 IPM 模块 8 个）。

（4）安装。

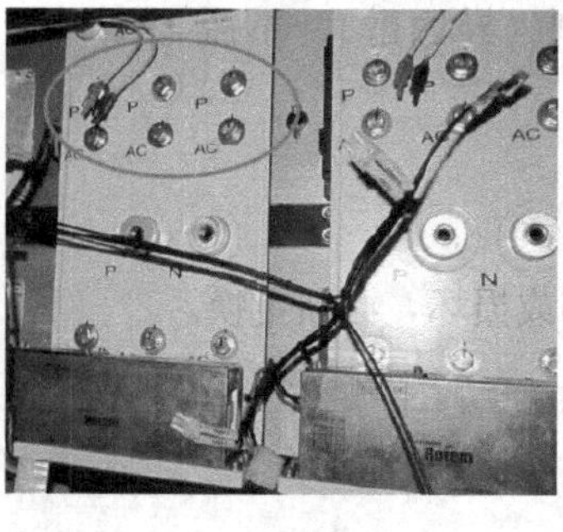

图 3-14　IPM 模块安装螺栓图

1）用蘸有清洁剂的干净白色抹布将散热底板 IPM 模块安装部位及安装面擦拭干净，不得有灰尘或留有硅胶痕迹。

2）在 IPM 模块安装面均匀涂抹绝缘导热硅脂。

3）安装时将 IPM 模块上有“安装面”标签的一侧朝左侧。

4）安装时按对角顺序依次紧固 IPM 模块安装螺栓，紧固力矩为 2.9～6Nm。

5）安装 IPM 模块母排，标记为“P”的螺栓用 M8×30 的螺栓，紧固力矩为 6.7～13N·m，标记为“AC”的螺栓用 M8×35 的螺栓，紧固力矩相同（图 3-14）。

6）安装有 IPM 电源模块的横杆。

7）连接 IPM 模块及 IPM 电源模块上的光纤插头、电源插头、接线插头。

8）两人合力抬起滤波电容器，放置于滤波电容器箱内，用四个安装螺栓按规定力矩紧固。

9）安装滤波电容器母排，将 12 个 M8×16 的螺栓紧固在标记有“P”“N”处（图 3-15），紧固力矩为 12Nm。

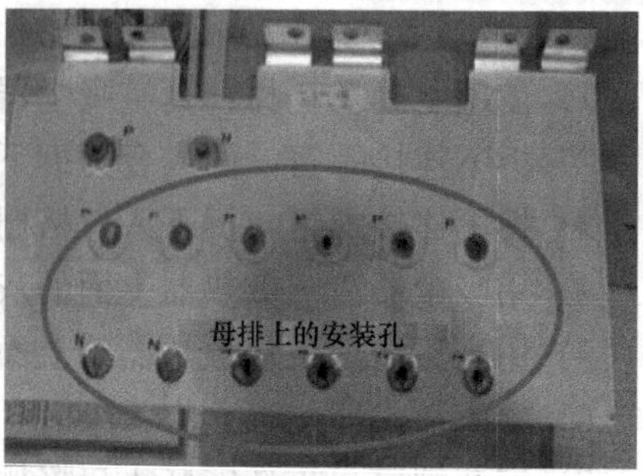

图 3-15　滤波电容器与母排安装孔图

10）用六个螺栓连接滤波电容器母排与 IPM 母

排，紧固力矩为 20～40N·m。

11）安装完毕画上防松标记线。

作业结束之后，检查箱体内无遗留物件，收齐所有工器具及耗材，锁紧箱盖，方可撤离现场。

3. 更换制动斩波器 IGBT 模块

(1) 安全注意事项。要求列车处于断电状态，蓄电池非激活，挂好禁止动车牌。工作人员必须穿工作鞋，戴安全帽。

(2) 工器具及材料。要求准备 38 套件、内六角扳手一套、扭矩扳手、手电筒、人字梯、方孔钥匙带工器具，并准备乙醇、白棉布片、绑扎带、画线笔、绝缘导热硅脂等消耗品。

将人字梯置于制动斩波器箱下部地沟内，一人负责拆装、一人负责照明、一人负责传递工具，谨防跌落、撞伤、摔伤等事故。

(3) 拆卸制动斩波模块。

1）打开"滤波电容器 FC、制动斩波器 BCH"盖板四角锁，取下盖板。

2）用棘轮扳手拆卸电流传感器线排与母排安装螺栓（图 3-16）。

3）用棘轮扳手拆卸高压线线排与 IGBT 线排连接螺栓（图 3-17）。

图 3-16　传感器线排与母排安装螺栓

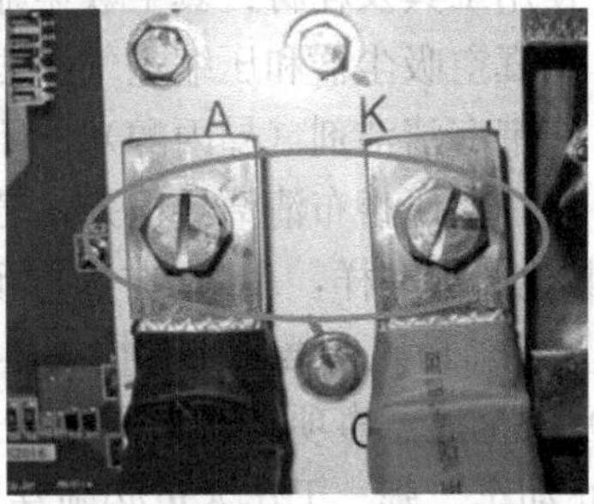

图 3-17　高压线排与 IGBT 母排螺栓

4）用十字螺母刀拆卸温度传感器与散热底板连接螺栓。

5）小心用力拔出 IGBT 光纤连接插头。

6）小心用力拔出 IGBT 门极驱动板电源插头。

7）用棘轮扳手拆卸制动斩波模块与逆变器箱体的安装螺栓，拆下制动斩波模块，两人合力从逆变器箱体中抬出制动斩波模块，安全放置。

按拆卸相反的顺序安装制动斩波模块。

所有工作之后，检查箱体内无遗留物件，收齐所有工器具及耗材，锁紧箱盖，方可撤离现场。

（二）辅助逆变器检修

1. 预防性维护

根据厂家技术文件，辅助逆变器日常维护主要采用预防性维护，包括目视检查电气元件、清洁 ACM 等作业内容。

(1) 目视检查 ACM 外部及导电条。

1）ACM 的外部是否损坏，外部是否清洁。

2）导电条的连接螺栓是否拧紧。

3）导电条不能被污染或被损坏。如损坏，必须更换。

4）导电条针式绝缘体是否拧紧。

5）导电条针式绝缘体没有损坏，也就是它们没有破裂。

（2）目视检查 ACM 电缆。

1）进出 ACM 的电缆及其内部电缆是否损坏。

2）有无松动的电缆束从任何连接器或接触处突出来。

3）导线外绝缘层完整、无破裂或磨损。

4）导线安装牢固、无损坏、无相互摩擦损坏。

（3）目视检查电气元件。

1）电气元件未受到污染，否则要更换受污染的电气元件。

2）所有电路板及电路板上的电气元件必须完整，电容和电阻无肿胀，否则要更换损坏的电气元件。

（4）目视检查滑动条是否紧固。

（5）清洁 ACM。

1）使用工具及耗材：真空吸尘器、压缩空气、清洁剂、不掉毛麻布、研磨布等。

2）用真空吸尘器和压缩空气除去污染物。

3）用带有清洁剂（异丙醇）的不脱毛麻布将 ACM 擦干净。

4）用一块研磨布清洁导电条，若导电条的接触表面划伤或损坏，必须更换。

与其他部件一样，ACM 在进行预防性维护之后，还需进行一些诊断性维护及检修。

2. 更换辅助逆变器 IGBT 模块

（1）安全注意事项。要求列车处于断电状态，蓄电池非激活，挂好“无电状态、禁止合闸、禁止动车”牌。工作人员必须穿工作鞋，戴安全帽。

（2）工器具及材料。要求准备 38 套件、内六角扳手一套、扭矩扳手、力矩改锥组套、手电筒、人字梯、方孔钥匙带工器具，并准备乙醇、抹布、绑扎带、画线笔、绝缘导热硅脂等消耗品。

将人字梯置于辅助逆变器箱下部地沟内，一人负责拆装、一人负责照明及传递工具，谨防跌落、烫伤、撞伤等事故。

（3）拆卸制动斩波模块。

1）用方孔钥匙打开“INV1、INV2”盖板方孔锁，并将两盖板取下放置于安全的地方。

2）取下需要更换的 IGBT 模块对应的门极驱动板 IDU 光信号接头（共三处）、门极驱动电信号接头及供电接头（共三处），如图 3-18 所示；再拆卸该 IDU 四个固定螺丝并将 IDU 板取出。

3）用 10mm 的套筒和棘轮扳手拆卸均压电阻 BLR 与 IGBT 母板接线的两个紧固螺栓。

4）用 13mm 的套筒和棘轮扳手拆卸 IGBT 模块母板的 12 个紧固螺栓，如图 3-19 所示。

5）用 17mm 套筒和棘轮扳手拆卸 IGBT 模块母板与分压电容 FC 连接处的两个紧固螺栓，将整个母板放置于适当的地方，检查此母板是否有断裂或破损的地方。若有，则需更换此母板；若无破损，则用蘸有酒精的干净纯棉抹布清洁此板有污垢的地方后继续使用。

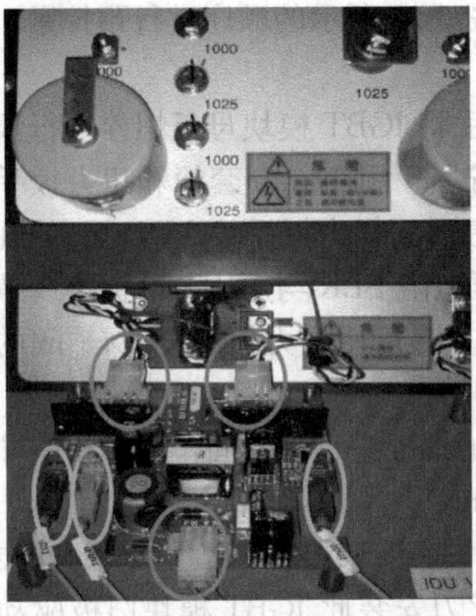

图 3-18　门极驱动板光电接口位置

图 3-19　IGBT 母板紧固螺栓位置

6）根据故障的 IGBT 模块具体位置，用 13mm 套筒和棘轮扳手拆卸相应导电条与各 IGBT 模块紧固螺栓。

7）用 4 号内六角扳手拆卸 IGBT 模块内 14 个六角紧固螺栓。将 IGBT 模块拆下后，需检查此 IGBT 模块上两个 IGBT 门极驱动电信号线缆（红、白、黑为一组，共两组）是否有破损或烧毁，如图 3-20 所示。若有，则更换新线缆；若无破损，则用十字螺丝刀将此两组线缆拆下，继续使用。然后用蘸有酒精的干净纯棉抹布将散热板上原故障 IGBT 模块与散热板之间的导热硅脂擦拭干净。

图 3-20　两组门极驱动信号线缆及与 IGBT 模块接口位置

（4）安装新的 IGBT 模块。

1）用蘸有酒精的干净纯棉抹布将新的 IGBT 模块安装面擦拭干净，并在安装表面均匀涂抹导热硅脂。

2）将待安装的 IGBT 模块放于散热板上，将有门极驱动信号接口的地方朝下，如图 3-21 所示。

3）用4号内六角圆柱头紧固IGBT模块。紧固时按图3-21所示的顺序进行预拧紧，最后依次按4N・m的规定力矩拧紧。

4）安装IGBT模块母板。用13mm的套筒和扭力扳手将IGBT模块母板螺栓进行预紧固，最后用扭力扳手按10N・m的规定力矩将螺栓依次拧紧；用17mm套筒和扭力扳手将IGBT模块母板与分压电容FC连接处螺栓进行预紧固，最后用扭力扳手按28N・m的规定力矩将螺栓依次拧紧；用10mm的套筒和扭力扳手将均压电阻BLR与IGBT母板接线螺栓进行预紧固，线缆的线号与母板上的接口线号要保持一致，最后用扭力扳手按6N・m的规定力矩将螺栓依次拧紧。

5）用13mm套筒和扭力扳手将相应导电条母线排上的螺栓进行预紧固，再对相应导电条与IGBT模块紧固螺栓进行预紧固，规定力矩为10N・m。

6）用十字螺丝刀安装IGBT模块门极驱动信号线缆，每组线缆红、黑、白线的安装位置如图3-20所示，紧固扭矩为2N・m；然后用十字螺丝刀安装此IGBT模块门极驱动板IDU，如图3-22所示。将A组门极驱动信号线缆接到IDU的左侧，将B组门极驱动信号线缆接到IDU的右侧。

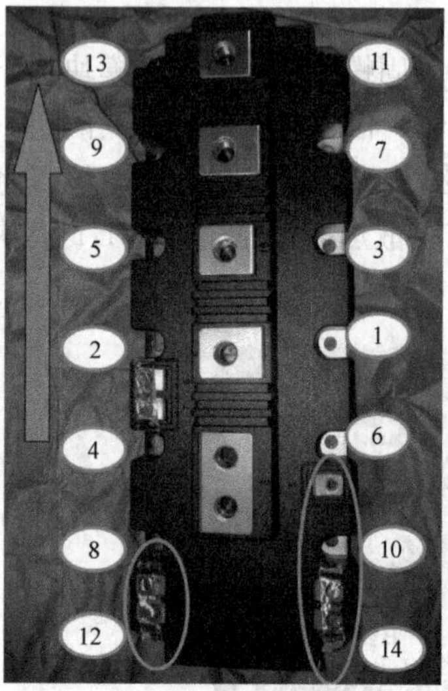

图3-21　IGBT模块安装方向及顺序

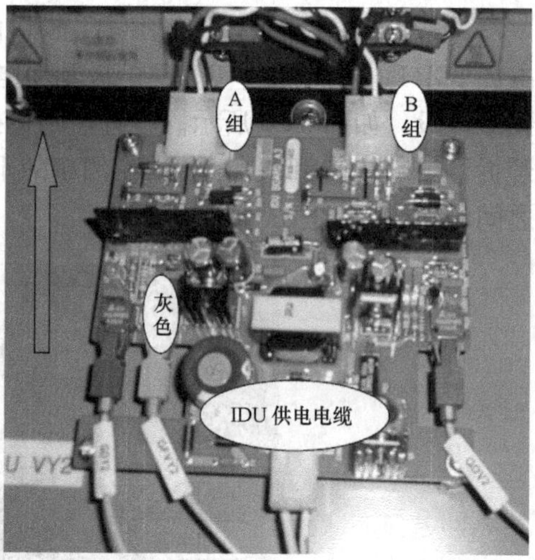

图3-22　IDU安装方向及接口位置

7）安装完毕后对各紧固件依次进行检查，确保所有螺栓都已紧固，有扭矩要求的已按规定拧紧，最后在各紧固螺栓上标记防松线。

结束拆装工作之后，检查箱体内无遗留物件，收齐所有工器具及耗材，锁紧箱盖，方可撤离现场。

3. 更换放电电阻

（1）安全注意事项。要求列车处于断电状态，蓄电池非激活，挂好“无电状态、禁止合闸、禁止动车”牌。工作人员必须穿工作鞋，戴安全帽。

（2）工器具及材料。要求准备内六角扳手一套、剥线钳、剪线钳、压线钳、电烙铁、螺丝刀、扭矩扳手、手电筒、人字梯、方孔钥匙等工器具，并准备放电电阻、电缆接头、清洁剂（异丙醇）、电缆绑扎带、粘胶、长为300mm的TP管、0.75mm^2的导线等耗材。

将人字梯置于辅助逆变器箱下部地沟内，一人负责拆装、一人负责照明及传递工具，谨防跌落、触电等事故。

(3) 拆放电电阻。拆除放电电阻作业之前需先将电容器单元与相/斩波器单元分开，拆除连接板，之后才能开始拆除放电电阻。

1) 用内六角扳手通过拧松连接的螺栓，拆除放电电阻，如图 3-23 所示，小心不要刮伤或损坏电阻和散热器表面。

图 3-23　放电电阻

1—IGBT 模块 (7x)；2—TP 管 (2x)；3—放电电阻；4—蓝色电缆接头；5—连接点 X7；6—电缆夹 (2x)；7—连接螺栓 (4x)；8—放电电阻；9—黄色标识套 (4x)

2) 用剪线钳拆除所有固定放电电阻电缆的绑扎带。

3) 拧松电气连接螺栓，拆除连接点 X7 上的蓝色电缆接头。

4) 用剪线钳剪断蓝色电缆接头中的两根电缆。

5) 分别从上述两电缆上拆除黄色线号套管。

(4) 制作连接电缆。

1) 用剪线钳剪取两根与旧放电电阻电缆长度一致的新放电电阻电缆。

2) 重新套好黄色线号套管。

3) 在较长的电缆上安装 TP 管。

4) 用剥线钳剥开两个放电电阻电缆的绝缘皮大约 7mm。

5) 用一个蓝色 O 形接线端子将两个放电电阻的两根电缆用压线钳压接在一起。

6) 将压好的蓝色电缆接头与连接点 X7 连接，其拧紧力矩为 5N·m。

7) 剪取一段大约 70mm 长的 0.75mm^2 导线。

8) 用一个黄色 O 形端子将长电缆与 0.75mm^2 的导线一起用压线钳压接到黄色电缆接头中，以确保良好的电气连接。

(5) 安装放电电阻。

1) 用清洁剂（异丙醇）清洁放电电阻和散热器的表面。

2) 在放电电阻的底部涂抹少量粘胶，将放电电阻压在散热器上并轻轻向侧面移动，以确保粘胶均匀分布。

3）将放电电阻安装到散热器上，拧紧连接螺栓，其紧固力矩为 0.8N·m。

4）用电缆夹或绑扎带固定两根长的电缆，以使黄色电缆接头大约离 IGBT 模块 150mm。

安装放电电阻作业之后需将前面的辅助项目复原，包括重新安装连接板，安装电容电单元和相/斩波器单元，清理工具、现场，撤除防护信号等。

牵引逆变器和辅助逆变器还有其他众多检修与维护项目，需检修人员仔细阅读厂商提供的技术文件资料，结合工作实际，在作业指导书指导下，开展检修与维护工作。

任务四 制动电阻器检修

一、任务描述

城轨车辆的每节动车上的电制动设备一般包含：一个三相调频调压逆变器（VVVF）、一个牵引控制单元（DCU）、一个制动电阻及四个自冷式三相交流电机 M1、M2、M3、M4（每根轴一个、并联）。每辆动车底架下部均安装了一台制动电阻，整列车（4 动 2 拖的 6 节编组）一共安装有 4 台制动电阻。

制动电阻器主要由制动电阻器、风机、出风装置等组成，由于电阻元件是发热巨大的部件，所以制动电阻在运用一段时期之后也需做相应的维护保养、检修及调试工作，以维持制动电阻良好的工作性能。

二、相关知识

1. 工作原理

列车制动时，优先采用再生制动，当再生能量无法被接触网吸收或被设备利用时，制动斩波模块将启动，将制动电阻接入回路，电制动产生的电流通过制动电阻转化为热能，通过制动电阻进行消耗，如图 3-24 所示。每台制动电阻器中有两个电阻模块，分别连接到制动斩波器的两条桥臂上。电制动力不足时，由电空制动补足制动力。

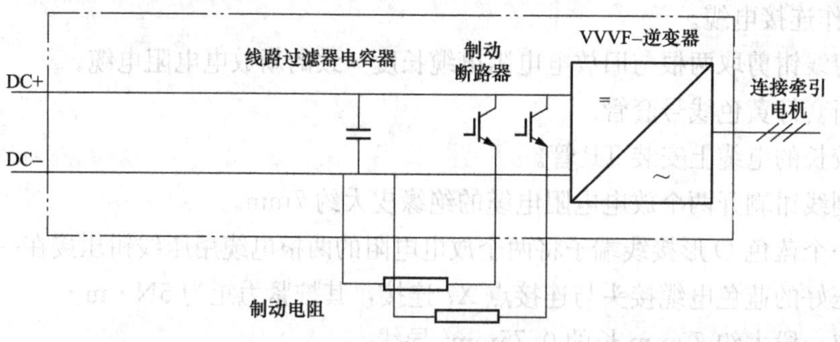

图 3-24　MCM 电路简图

DC 的额定电压是 1500VDC，上限值为 1800VDC。制动时，当 MCM 中电压传感器测量到 DC 链接的电压超出 1800VDC 时，DCU/M 向制动斩波器发出命令，门极驱动单元启动两个 IGBT，并将能量转送到制动电阻中（图 3-24 所示）。当 DC 链接电压降低到允许范围时，制动斩波器关闭。

制动电阻属于高发热设备，电阻模块上最大峰值温度可达 600℃，虽然采用强迫风冷，也需在安装使用时保证发热区无电缆等其他遮挡物，必须确保不因制动电阻工作使周围箱体温度升高。

2. 结构

根据冷却方式分，制动电阻可分为强迫风冷及自然对流冷却两大类。两类结构有所差异，这里以 SZ1PH2 型强迫风冷的制动电阻为例描述其结构。

SZ1PH2 制动电阻主要由制动电阻排、冷却风机、出风装置、固定安装结构等部分组成，结构如图 3-25 所示。

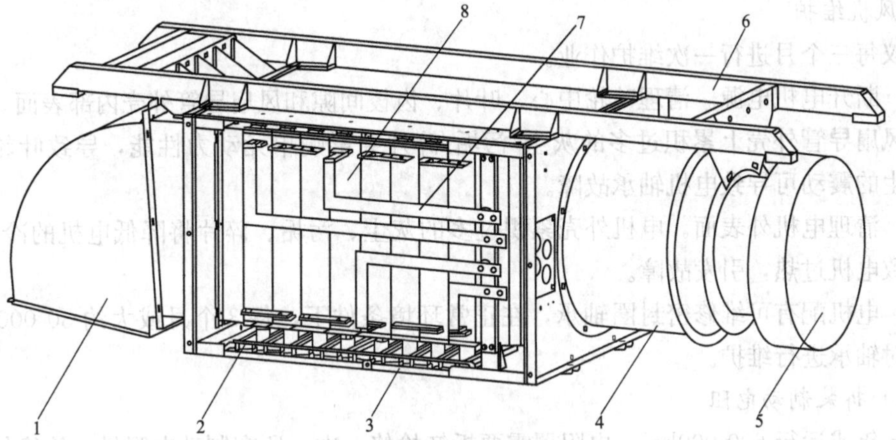

图 3-25 制动电阻

1—出风装置；2—电阻排固定滑轨；3—电阻排固定滑轨的挡板；
4—冷却风机；5—风机滤网；6—安装横梁；7—连接铜排；8—制动电阻排

3. 功能

当前城市轨道交通车辆上一般采用再生制动、电阻制动与摩擦制动的复合制动，并按第一、第二、第三优先使用顺序投入制动过程。当制动再生能量不能被完全利用或吸收时，电阻制动才投入使用，通过制动电阻（BR）将多余的再生电能转化为热能，并用风机进行强迫风冷，将电阻温度保持在许可的温度范围内。

为保护制动电阻器，系统中安装了温控系统和压力开关进行保护。

三、任务实施

（一）准备工具

检修维护制动电阻时不需要特殊工具，常用的工器具有：扭矩扳手、套筒扳手、真空吸尘器、万用表、绝缘电阻测试仪、耐压测试仪等。

（二）维护制动电阻

各类制动电阻重约 340～385kg，工作人员需熟知安全手册方可进行制动电阻的维护与检修作业，以免人员伤亡、设备损坏。

在维护作业之前，请确认电阻器的电源已切断，电阻器的温度恢复到环境温度。

1. 外观检查

大约每年或运行 120 000km 做一次外观检查，检查标准如下：

（1）整个电阻箱体无明显歪斜、变形、损伤、污染现象。

（2）制动电阻元件上无异物或外部物件遮盖。

（3）检查绝缘体上无异物或外部物件遮盖。

（4）电阻排位置正确，标号清楚、正确，镀锡层均匀、无损伤、脱落等缺陷。

（5）铭牌字迹内容清晰、位置正确。

（6）所有连接紧固螺栓和螺母无松动、断裂现象，防松标记无错位。

（7）制动电阻风扇叶片及外罩无破损、杂物，外罩安装牢固。

（8）电阻出线及风扇出线符合电气图纸要求，手摇风扇电插头应无松动现象。

2. 风机维护

建议每三个月进行一次维护作业。

（1）断开电机电源。清理叶轮中心、叶片、齿棱间隙和风扇导管外壳内部表面。

若风扇导管外壳上累积过多的灰尘/污垢/碎片会影响单元动力性能，导致叶轮失去平衡，产生的震动可导致电机轴承故障。

（2）清理电机外表面。电机外壳累积过多的灰尘、污垢、碎片将降低电机的冷却能力，从而导致电机过热，引发故障。

（3）电机配有可维修密封圈轴承，在正常环境条件下，每 3 个月或大约 30 000 操作小时就要对轴承进行维护。

（三）拆装制动电阻

每 5 年或运行 600 000km，电阻器需要拆卸检修一次，所有制动电阻排，绝缘体、风机等均需进行仔细检查、清洁或更换。

1. 安全注意事项

（1）拆装制动电阻及冷却风扇时确认列车高压电已断电 15min 以上。

（2）拆装制动电阻排时应轻拿轻放，避免造成损坏。

（3）安装搬运时防止电阻器的安装横梁升出端伤人。

2. 整体拆装工艺流程

拆装制动电阻时，需要使用 M6、M8、M10 和 M12 螺栓对应的套筒扳手及扭矩扳手，其中紧固 M6 螺栓的扭矩为 8～10N·m、紧固 M8 螺栓的扭矩为 20～25N·m、紧固 M10 螺栓的扭矩为 45N·m，紧固 M12 螺栓的扭矩为 80N·m。

可根据下列步骤将制动电阻模块从车上拆卸下来：

（1）用车下拆装小车将电阻器箱正确地支撑起来。

（2）拆除制动电阻接地点。

（3）拆除连接在电阻器引出端的电力电缆。

（4）分开风机电源线接插件。

（5）拆卸完成后将制动电阻及风机分别送往制动电阻检修车间进行分解检修。

按照与拆卸相反的顺序组装制动电阻。

3. 拆卸制动电阻排工序

（1）首先拆除外挡板，外挡板拆除之后的结构如图 3-25 所示。

（2）拆除图 3-25 中部件 7（制动电阻连接铜排）上的 M10 连接螺栓。

(3) 拆除图 3-25 中部件 2（电阻排固定滑轨）上的 10 个 M10 紧固螺栓。

(4) 移走图 3-25 中部件 3（电阻排固定滑轨的挡板）。

(5) 逐个拉出每个电阻排后放置在存放架上。

(6) 拆下风机滤网。

4. 清洁电阻及风机

(1) 用刷子将风机滤网上的灰尘刷下后，用压缩空气、真空吸尘器或湿棉布清洁风机滤网。

(2) 用压缩空气或真空吸尘器清洁风机。

(3) 制动电阻箱内部清洁：卸下制动电阻箱的底板，用刷子清扫制动电阻器箱体内部的灰尘，再用真空吸尘器或湿棉布清洁制动电阻器箱体内部，禁止使用任何清洁剂进行清洁。

(4) 用刷子清扫出风装置内部的灰尘后，再用真空吸尘器或湿棉布清洁出风装置内部。

(5) 用刷子清扫电阻排上的灰尘后，用真空吸尘器清洁制动电阻排。

(6) 确保电阻片不被异物和外来物覆盖。

(7) 确保云母、绝缘子不被异物和外来物覆盖。

5. 检查制动电阻

对清洁后的制动电阻部件进行检查。

(1) 检查制动电阻排外观。

(2) 镀锡层均匀，无损伤与镀层脱落缺陷。

(3) 云母、绝缘子及卡环无损伤，安装良好。

按照与第 3 点拆卸制动电阻排相反的顺序进行组装即可。

（四）制动电阻测试

预防维护后还需测试制动电阻阻值、电阻绝缘性能等。

1. 绝缘情况

制动电阻器使用了双绝缘：第一层是在电阻元件和拉杆间使用瓷件和云母管进行的功能性绝缘；第二层绝缘是在电阻元件和外箱框架（或地面）之间使用绝缘体进行的基础绝缘。

2. 绝缘测试

(1) 在电阻元件和拉杆间进行功能性绝缘测试，耐压不小于 1.5kV/50Hz 为时 1min 的工频耐压。

(2) 在电阻元件和地面间进行基本绝缘测试，耐压不小于 7.75kV/50Hz 为时 1min 的工频耐压。

使用耐压测试仪测试铜排与所有电阻 BANK 串梗间耐压性能：3000VAC，1min。

使用耐压测试仪所有测试 BANK 串梗与外壳接地螺栓间耐压性能：6500VAC，1min。

(3) 测试绝缘电阻：

1) 断开接地及端子接头。

2) 使用微电阻测试仪测试每组电阻排的阻值分别为：$R_{12}=3.07\Omega\pm2\%$；$R_{34}=3.07\Omega\pm2\%$。

3) 用 1000V 摇表或绝缘电阻测试仪，测试铜排与电阻 BANK 所有串梗间的绝缘阻值：≥400MΩ。

4）用 1000V 摇表或绝缘电阻测试仪，测试端子与箱体的绝缘电阻，绝缘电阻应大于 100MΩ，如果小于 100MΩ，清洁陶瓷绝缘体。

任务五　主控制器及各类传感器检修

一、任务描述

轨道交通车辆上的主控制器一般是指司机控制列车运行工况及运营速度的主令电器，又称司机控制器，是通过控制电路中以低压电器间接控制高压主电路中的电气设备，也是司机发出逻辑指令的主要低压控制电器。

由于司机操作列车时主要通过司机控制器发出逻辑控制指令，因此需要经常对司机控制器的机械运动机构进行维护与保养，以确保其操作的灵巧性及指令的准确性。

二、相关知识

（一）主控制器简介

轨道交通车辆上的主控制器种类繁多，仅从结构特点划分，就有竖式与卧式之分、集中式与分散式之分。无论结构特点如何，各种主控制器的工作原理却大致相似：均由司机操作手柄带动转轴、由转轴再带动凸轮发出控制指令；或由转轴带动电位器，改变输入到电子柜的电压指令，通过调节列车牵引力和电制动力，以控制列车速度。

下面以沙尔特宝电气有限公司的 S355D 型司机控制器为例进行描述。

1. 结构及参数

（1）结构。S355D 型司机控制器一般由面板、换向手柄、控制手柄、控制凸轮组成、换向凸轮组成、互锁组件（或称机械联锁装置）、侧板锁、减震弹簧、触头和电位器等构成，如图 3-26 所示。

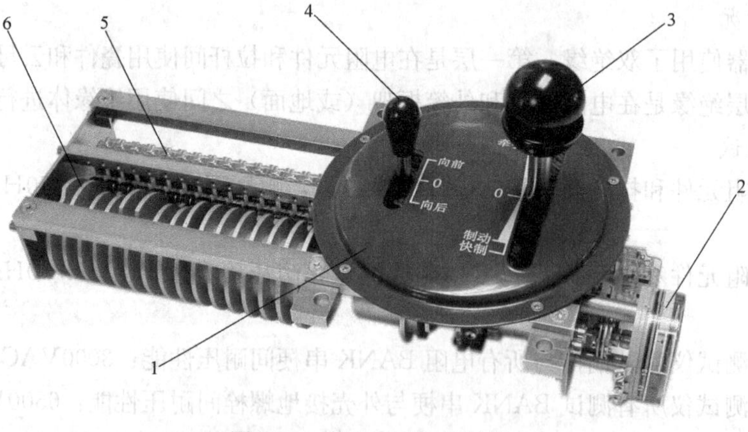

图 3-26　S355D 司机控制器

1—控制器面板；2—电位器；3—控制手柄（带警惕按钮）；

4—方向手柄；5—行程开关；6—凸轮

该司机控制器的特点：结构紧凑、体积小、重量轻、高可靠、长寿命、少维修或免维修。触头采用德国沙尔特宝公司密封的触头模块及电位器，触头具有自净功能、电位器具有电压输出平滑性高等特性。

如图 3-26 所示，S355D 型司机控制器面板上装有两种手柄：控制手柄和换向手柄。警惕按钮安装在控制手柄上，机械锁装在司机控制器上。

机械锁有“打开”、“锁闭”两个工作位置。

换向手柄有：“向后”、“0”、“向前”三个档位。换向手柄在每个档位之间均有凸轮机构进行定位，使换向手柄稳定在相应的档位中。

控制手柄有“牵引区”、“制动区”两个工作区域及“0 位”、“牵引最大位”、“制动最大位”、“快速制动位”四个档位，在两个工作区域内为无级调节，而四个工作位置上均有机械定位，方便司机建立手感。

控制手柄在“0”位时，方可操作换向手柄；换向手柄在非“0”位时，方可操作控制手柄。

换向手柄、控制手柄都在“0”位时，机械锁方可锁闭司控器。

（2）参数，见表 3-15。

表 3-15　S355D 型司机控制器参数

外形结构	456mm×216mm×92.5mm
触头额定工作电压	DC110V
触头额定工作电流	DC1A
触头约定发热电流	DC10A
输出电位器型号	FSG PW 70 2×1043Ω
手柄操作力	不大于 10N
机械寿命	大于 1×10^6 次
电气寿命	大于 1×10^5 次
重量	约 10kg

2. 操作方法

机械锁（钥匙）和面板上的控制手柄、换向手柄之间相互存在机械联锁关系，必须先插入钥匙并转至开锁（激活）位打开机械锁，才可操作面板上的控制手柄及换向手柄。操作手柄时，先通过换向手柄选择向“前”或“后”确定列车的行车方向，再操作控制手柄即可调节列车运行速度。

在行车过程中，若要改变列车的工况，必须先将控制手柄放回“0”位后，才可进行换向手柄的操作，即不允许列车带电换向。若司机需要进行换端操作时，必须先将本端司控器的控制手柄置“0”位，再将换向手柄置“0”位，最后锁闭机械锁、拔出钥匙，才可进行换端作业。

（二）各类传感器介绍

传感器是构成信息系统、自动化系统的基础组成部件，相当于人体的神经末梢，起到感官的作用，实现对控制对象的测量、测试、检测、监测、定位、跟踪等。

经典传感器主要包括：力量学、光学、声学及温度传感器。它分为电阻式、电容式、电感式、热点式、压电式、光电式、光栅式、光导式、辐射式等。常用的传感器主要有：电压/电流传感器、温度/湿度传感器、压力传感器、位移传感器、速度/加速度传感器、转速传感器、力矩传感器、流量传感器、浓度传感器、智能传感器等。

传感器主要应用在测量系统与控制系统中，在测量系统中执行测量功能，主要用于显示测量值，在控制系统中将测量的信号进行信号分析与处理，用于实现对被控系统的控制。

在测量系统中主要由传感器、信号调节、显示装置组成，如图 3-27 所示。在控制系统中又分为开环和闭环两类，一般情况下传感器控制系统采用闭环控制，将传感器采集的数据经信号处理后经比较器与参考信号进行比较，给出输出信号至执行器，实现对被控系统进行自动控制。

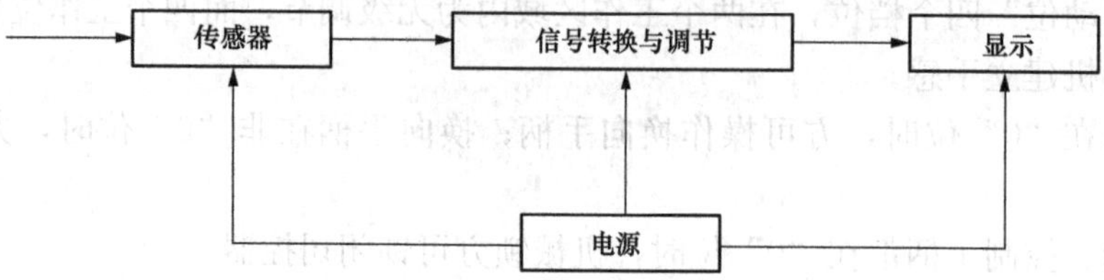

图 3-27 基本测量框图

如图 3-28 所示，闭环控制一般采用负反馈控制，将传感器采集的数据与经计算的控制量进行比较，得出新的控制量给执行机构执行，从而实现对控制对象精确控制。

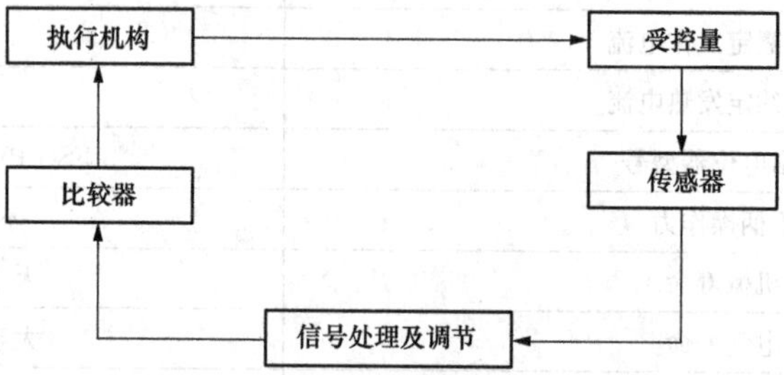

图 3-28 闭环控制框图

三、任务实施

（一）主控制器检修

1. 工器具及材料

检修主控制器时因结构型号不同、检修规程不同，所需工器具及材料也有所不同，汇总各修程所需的工器具及材料主要包括：塞尺、毛刷、螺丝刀、内六角扳手、套筒扳手、开口扳手、万用表、游标卡尺、润滑脂、螺栓紧固胶、电气清洁剂、低电阻测试仪等。

2. 安全注意事项

检查主控制器联锁功能时，严禁高速断路器合闸，挂好禁止动车牌。

作业前要求戴好安全帽、穿好防护鞋等劳动保护用品。

3. 双周检

目测检查：司机控制器的名牌及标识符号应齐全、完整、清晰、正确；各紧固件齐全，紧固状态良好。

手动检查：

(1) 操作司控器手柄，TMS 显示屏上显示的列车运行方向、牵引、惰行、制动工况正常。

(2) 检查主控制器警惕按钮，无松动、功能正常。

(3) 司机钥匙、控制手柄和换向手柄之间联锁正常。

(4) 控制手柄在各个档位之间应转动灵活，无机械卡滞，相邻两档位之间不应出现停滞现象。

(5) 换向手柄在各个档位之间应转动灵活，无机械卡滞，相邻两档位之间不应出现停滞现象。

4. 季检

季检时主要检查司控器主控手柄、方向手柄、主控钥匙模块及司控器的安装螺栓。

要求司控器外观无裂纹，主控锁端钢丝绳可视部分无断股现象，操作各手柄动作良好无卡滞，主控钥匙与方向手柄的互锁功能正常，司控器方向手柄和控制手柄挡位明显。

要求安装固定螺栓紧固无松动、无丢失，确保连接可靠，若有松动需重新扭紧。

每隔 3 个月需对司机控制器进行润滑，分别在司机控制器的各个转动部位，齿轮啮合处、滚轮处、阻尼弹簧片及钢丝拉线与外护套间添加适量润滑脂，进行润滑。

5. 年检

年检时先拆除司控器紧固螺栓，再检查司控器接线内部螺栓，目测司控器钢丝绳两端可视部分无断股现象，各接线及内部螺栓应紧固无松脱。

安装、紧固好司控器之后，插入钥匙开关，主控钥匙应灵活无卡滞，主控钥匙与方向手柄之间互锁功能正常。将方向手柄分别置向前、向后位，操作主控手柄于各档位，方向手柄、主控手柄可正常转换，无卡滞，司控器方向手柄和主控手柄档位明显，机械联锁功能正常。

在列车静止状态下慢慢按下警惕按钮 1～3s 后放手，观察其是否能快速反弹到位，动作要求顺畅、无卡滞；然后快速按下警惕按钮几下，听声音是否正常、清脆；若发现警惕按钮快速反弹动作不顺畅、有卡滞，声音像金属摩擦发出的声音，则应拆下警惕按钮端盖检查其内部机构或检查警惕按钮的固定螺丝是否松动；若警惕按钮内部机构存在故障情况须更换司控器。

检查司控主控钥匙锁芯无卡滞，在钥匙上均匀涂抹少量的黄油，插入司控器锁孔，反复开关几次，充分润滑锁芯。

6. 技术标准

性能良好的司机控制器其动作性能、绝缘性能、触头参数均应符合相应技术规定。

(1) 动作性能。先将控制手柄和换向手柄操作 10 次以上，再将司机控制器存放在 −40℃环境中不少于 48h，然后恢复至室温，检查产品应无机械、绝缘损坏，手柄操作应灵活，触头动作可靠，电位器工作正常，输出电压无变化。司控器牵引、制动时 PWM 值正常，且闭合表和对外连接线与规定一致，司机控制器的机械联锁和档位符合技术规定。

用弹簧测量仪检查手柄操作力应小于 15N。

(2) 触头参数。检修司机控制器触头时要求触头内部及滚轮架（包括滚轮滚动）的动作灵活可靠，否则，应在触头滚轮轴芯及滚轮架轴芯部分增强润滑，以增加触头动作的灵活性；若触头磨损严重则需要进行更换。

由于司机控制器的触头为封闭式的，所以只能用测量接触电阻方法或用万用表来检查触头的接触情况：用低电阻测试仪检测触头间接触电阻值，若接触电阻大于 500mΩ，则应采

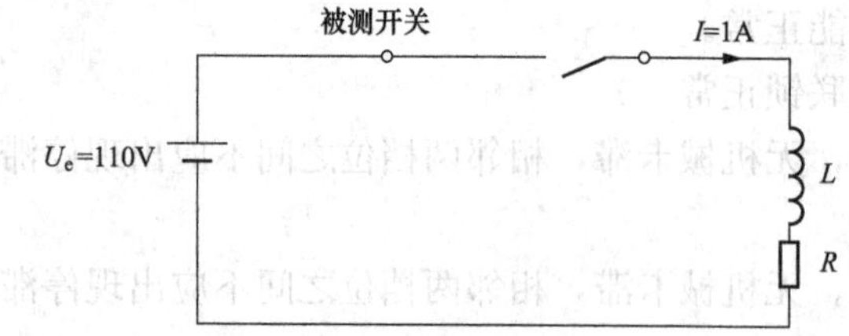

图 3-29　清除触头表面氧化膜电路图

用去触头表面氧化膜电路（图 3-29），用时间常数 τ 为 20～50ms、电流约为 1A 的感性电流分断电弧清除触头表面氧化膜，减小接触电阻。

（3）绝缘性能。司机控制器的绝缘应符合以下要求：

1）用 500VMΩ 表测量相互绝缘的带电部分之间及对地的绝缘电阻不小于 10MΩ。

2）检修后应进行绝缘介电强度试验：在司控器电位器回路带电部分对地之间，施加 50Hz，500V，正弦波交流电 1min，要求无击穿、闪络现象；在司控器其余带电部分对地之间，施加 50Hz，1100V，正弦波交流电 1min，也应无击穿、闪络现象。

（二）维护各类传感器

城市轨道交通车辆作为多科学交叉的复杂控制系统，要实现对其精准、稳定的控制必然离不开大量传感器，本任务重点介绍在城市轨道交通车辆制动控制系统中常见的传感器。

1. 速度传感器

单位时间内位移的增量就是速度。速度包括线速度和角速度，与之相对应的就有线速度传感器和角速度传感器，外形如图 3-30 所示。速度传感器用于检测车辆运行速度，速度传感器将车轴的转速传给 ECU、DCU、BCU 等控制单元，这些控制单元正是通过传感器实时得到车辆速度信号，并通过这些信号来控制列车的正常行驶及制动。地铁车辆速度传感器的安装位置如图 3-31 所示。

图 3-30　常见速度传感器

深圳地铁三号线列车每台牵引电机均安装有速度传感器（图 3-32），速度传感器安装在牵引电机的非驱动端，用来给牵引逆变器控制单元采集脉冲信号，用来检测列车速度。该速度传感器为双通道设计，其相位相差 90°，可以用来判断列车运行方向。

当列车速度传感器故障或其接线松动而接触不良时，列车 DU 屏会报相应车速度传感器故障，DU 屏上的牵引图标显示黄色，同时该车的牵引系统会自动隔离，停止工作。

速度传感器的检修标准一般为：保持传感器及其电缆链接完好，各螺栓螺母无松动，如图 3-33 所示。

带速度传感器　　　　不带速度传感器

图 3-31 轴承及传感器

图 3-32 速度传感器探头图

图 3-33 速度传感器现场安装图

2. 压力传感器

(1) 概述。压力传感器是使用最为广泛的一种传感器。传统的压力传感器以机械结构型的器件为主，以弹性元件的形变指示压力，但这种结构尺寸大、质量重，不能提供电学输出。随着半导体技术的发展，半导体压力传感器也应运而生。其特点是体积小、质量轻、准确度高、温度特性好。随着 MEMS 技术的发展，半导体传感器向着微型化发展，而且其功耗小、可靠性高。

根据作用原理不同，压力传感器主要分为压电式、扩散硅式、蓝宝石式三种。常见的压力传感器如图 3-34 所示。

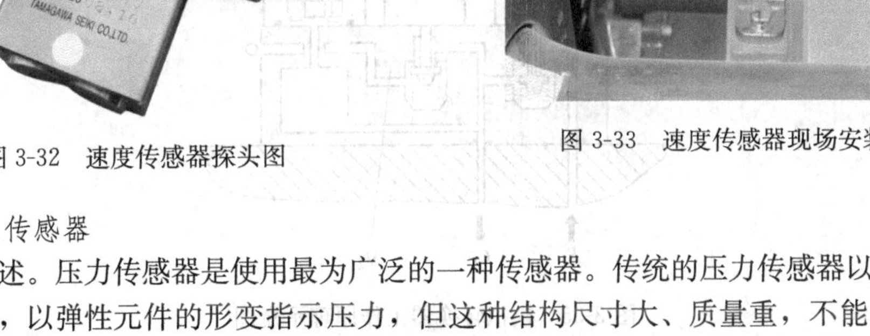

图 3-34 常见压力传感器

（2）C_v 预控压力传感器。在地铁车辆尤其是制动系统中，装有大量的风管、风缸、阀类，要实现对气路精准控制，必然离不开各类压力传感器。正常情况下，主风管的压力信息由压力传感器监控并将其传给列车控制单元（VTCU），VTCU 控制空压机电机的启停。当总风压低于 7.5bar 时，前导方向的空压机开始工作，当主风缸压力升到 9.0bar 时压缩机停止工作。所有气动参数的信号均以压力传感器或压力开关的电信号形式传送。

模拟转换器中 C_v 预控压力传感器是压力传感器在供风系统中的一个典型应用。

进气阀与总风 R 相连，当它得电时，压缩空气 R 流入预控压力管路，C_v 压力值增大。排气阀与耗气孔 O 相通，当它得电时，压缩空气从预控压力管路排向大气，C_v 压力值降低。压力传感器监控 C_v 压力，它的电控器输出信号是压力读数的模拟值。一旦电控器发现实际值 C_v 偏离指定值 C_v，EBCU 会驱动进气/排气电磁阀纠正 C_v 压力到指定值，一旦 C_v 压力达到指定值，电磁阀就会失电，这时预控管路既不进气也不排气，直到实际值与指定值相异为止。

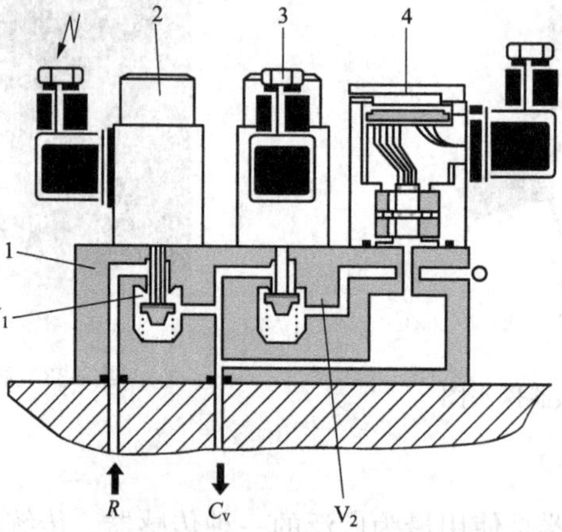

图 3-35　模拟转换器工作原理示意图

1—阀架；2—进气电磁阀；3—排气电磁阀；4—压力传感器；

C_v—预控压力；R—总风压力；O—排气孔；V_1、V_2—阀座

（3）压力传感器常见故障。

1）压力上去，变送器输出上不去。此种情况，先应检查压力接口是否漏气或者被堵塞，如果确认不是，检查接线方式和电源，如电源正常则进行简单加压观察输出是否变化，或者察看传感器零位是否有输出，若无变化则传感器已损坏，可能是仪表损坏或者整个系统的其他环节的问题。

2）加压变送器输出不变化，再加压变送器输出突然变化，泄压变送器零位回不去，很有可能是压力传感器密封圈的问题。

常见的是由于密封圈规格原因，传感器拧紧之后密封圈被压缩到传感器引压口里面堵塞传感器，加压时压力介质进不去，但在压力大时突然冲开密封圈，压力传感器受到压力而变化。排除这种故障的最佳方法是将传感器卸下，直接查看零位是否正常，若零位正常可更换密封圈再试。

3）变送器输出信号不稳。这种故障可能是压力源的问题。压力源本身是一个不稳定的

压力，很有可能是仪表或压力传感器抗干扰能力不强、传感器本身振动很厉害和传感器故障；第四种是变送器与指针式压力表对照偏差大。出现偏差是正常的现象，确认正常的偏差范围即可。

(4) 故障原因。压力出现的故障，绝大多数是由于压力传感器使用和安装方法不当引起的，归纳起来有：

1）一次元件（孔板、远传测量接头等）堵塞或安装形式不对，取压点不合理。

2）引压管泄漏或堵塞，充液管里有残存气体或充气管里有残存液体，变送器过程法兰中存有沉积物，形成测量死区。

3）变送器接线不正确，电源电压过高或过低，指示表头与仪表接线端子连接处接触不良。

4）没有严格按照技术要求安装，安装方式和现场环境不符合技术要求。

3. 温度传感器

温度传感器是最早开发，应用最广的一类传感器。温度传感器的市场份额大大超过了其他的传感器。从 17 世纪初人们开始利用温度进行测量，在半导体技术的支持下，20 世纪相继开发了半导体热电偶传感器、PN 结温度传感器和集成温度传感器，如图 3-36 所示。

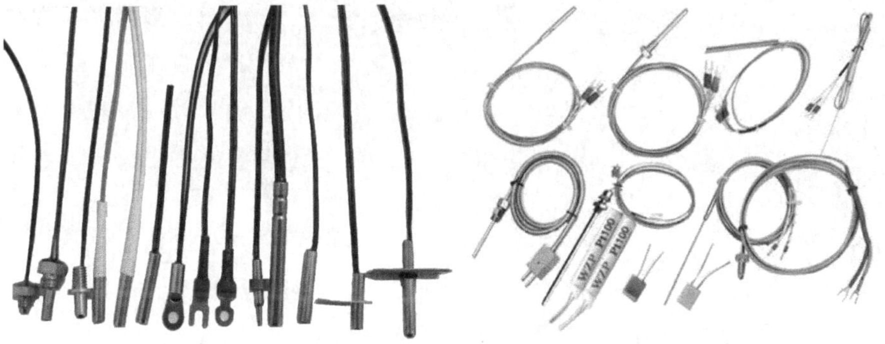

图 3-36　常见温度传感器

在地铁车辆空调系统中设置新、回风温度传感器各 1 只，感应车内车外环境温度而设置的 Pt100 温度传感器如图 3-37 所示，用于制冷运行自动控制的感应元件。

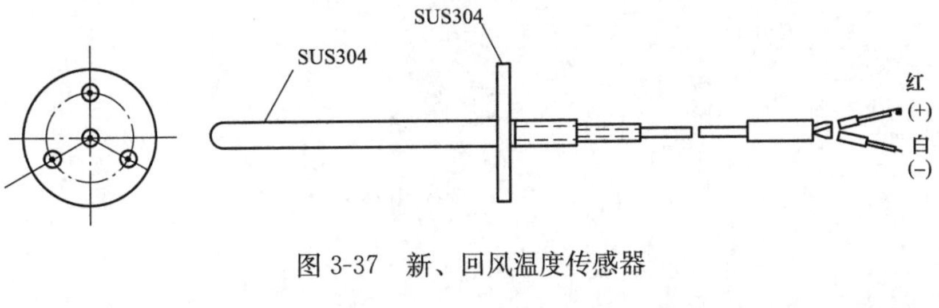

图 3-37　新、回风温度传感器

温度传感器日常检查包括：传感器安装稳固、线缆连接稳固、外观无破损。具体检测见表 3-16。

表 3-16 温度传感器故障及处理

故障项目	处理措施
新风温度传感器断线	用电阻挡测量插座相应针脚，若没有电阻值，可判断为断线。找到故障点重新连接
温度传感器安装位置不良	重新安装

复习思考题

1. 根据实际作业情况填写检修弹簧式/气囊式受电弓的作业任务单。
2. 根据实际作业情况填写更换受流器或集电靴碳滑板的作业任务单。
3. 根据实际作业情况填写检修高速断路器的作业任务单。
4. 根据实际作业情况填写检修制动电阻的作业任务单。
5. 根据实际作业情况填写检修司机控制器的作业任务单。

项目四

车辆检修安全管理

为进一步加强城市轨道交通车辆现场作业安全控制，确保车辆检修作业过程中人员和设备的绝对安全，实现作业现场安全的有序可控，必须让参与检修作业的所有人员接受各地下铁道有限公司组织的安全培训与指导，学习相应的安全知识、安全制度及各项安全措施，经过安全、技术、实践等业务培训，考核合格后方能上岗作业。只有接受过安全培训的车辆检修维护工作人员，才能在工作过程中小心谨慎、避免安全风险。

车辆检修安全管理知识仅限于与车辆直接相关的风险信息，并不包含库内检修固定设备及其他部门作业的相关危险信息，因此，车辆检修管理部门还需根据库内检修设备，如接触网、信号系统、道岔切换、不落轮镟床、架车设备等使用条件及安全注意事项，单独制订现场作业安全控制等作业指导意见。

依据车辆检修安全风险类型，将车辆检修安全管理内容分为四个学习任务来帮助学生构建车辆检修安全管理的知识和技能，见表 4-1。

表 4-1　　学习任务与目标

学习任务	学习目标		
	知识目标	能力目标	素养目标
任务一　车上作业安全	熟知车上作业期间存在的安全隐患； 掌握各种警告等级的风险； 掌握各种危险和警告符号的含义	在车顶、车底、车内作业时，能采取可靠防护措施、安全生产，避免人员、设备及环境的伤害	服从企业生产指挥调度，牢固树立安全、科学生产意识； 培养安全高于一切的生产意识； 严格遵守铁路企业规章制度，具有良好职业道德和敬业精神； 严格按工艺流程进行检修工作； 树立实事求是的科学态度
任务二　电气作业安全	了解电的特点； 了解静电的危害； 了解电磁辐射和电磁能引起的伤害	能避免电磁辐射和电场的危害； 在不同工作电压范围下能采取防护措施； 能进行电气化安全作业	
任务三　机械作业安全	了解机械能量风险分类	能识别、防止压缩空气危害； 能避开重物提升的危害； 能防止移动车辆的危害	
任务四　化学作业安全	了解化学品分类及其造成的伤害	能识别、避免危险化学品引发的危害	

任务一　车上作业安全

一、任务描述

车辆检修作业现场、操作规程和作业指导书中，通常含有相应的安全警示信息，标明了危险源，说明了可能存在的危险、引发的后果及避免伤害的方法，要求从事车辆检修作业的人员必须严格遵守安全生产制度、操作规程和作业指导书中的安全要求，穿戴符合工作要求的防护用品，落实人身安全相关的防护措施，服从现场指挥人员的管理及安排，方可开始作业。

根据安全生产作业指导书，车辆检修人员从事车上作业时，首先应在地铁车组及作业现场配备“供电”、“断电”等安全标志牌；其次在工作场所及其他存在潜在风险的场所使用“在工作中”的防护标记，并在相关地方贴上警示标记；最后应根据作业指导书及操作规程要求，遵守安全作业制度，穿戴符合工作要求的防护用品，做好人身安全防护措施。

另外，从事不同地铁车型检修作业前，车辆维护工作人员还必须仔细阅读厂商提供的维护手册，熟悉手册中的内容和安全文件，通读在工作中需要顾及的安全问题。只有确保所有维护车辆及其子系统和组件的工作人员具有足够的安全知识，当被授权进行车辆维护工作时，才能识别和避免有关工作潜在的危险，并有效避免人身或财产事故，以确保安全地检修维护不同系统、单元和零部件。从事车辆维护工作的人员还必须遵守国家和公司的一些安全规定，具备急救和本地营救的知识。

二、相关知识

地铁车辆检修中心是车辆检修工作责任主体单位，负责地铁车辆日检、月检、定修、架、大修的实施，应积极采取作业安全评价体系，对所有检修人员的作业情况进行记录和评价，并要求技术管理人员建立健全现场作业监督检查机制，对本单位作业人员的人身、劳动安全负责，并负责监督、协调检修中心内各种一体化作业单位人身、劳动安全工作，确保检修作业安全卡控质量。

（一）车上作业期间的安全防护

根据作业空间的不同，车上检修作业大致分为车顶作业、车底作业及车内作业。作业期间潜在的危险通常是由某种储存能量引起的，例如，所有导电部件中有电能或充电电容器中有静电；机械能以压缩弹簧、压缩空气部件、旋转部件或飞车的形式存在；制动部件、电力电阻器和液体，以及旋转机构（如齿轮和电机）中会产生热能。车上作业期间这些潜在的危险可能引起检修人员、设备及环境三方面的伤害。

为此在车上进行电气作业时，尽可能断开电源、各种断路器等，确保为作业人员设置了可靠的接地保护、短路或放电回路等，以避免车载人员、车辆检修维护人员及其他第三方人员由电压所引起的人员伤害；车上机械作业时，应严禁使用非标工具野蛮作业，以免因机械能量引起人员、列车和其他设备的损坏；换件、换油作业时，所有废件、废料必须回收，以免检修过程中因污染和废料造成环境危害。

为实现车上作业期间的安全防护，检修作业时必须充分利用车顶、车底、车内提示的警告信息，如危险、警告或小心警告信号、危险源标识（网侧电压 1500V DC）、热表面、挤压伤害等标识，以避免可能存在的危险及可能出现的后果。

（二）警告信号

1. 警告信息目的

在车辆维护手册中必须引入警告注意标记，以防止人员伤害或对设备、材料及环境造成破坏。警告信息目的如下：

（1）通过警告符号引起注意（通常为黄色三角图，带有黑色图形标明危险类型）。

（2）定义警告等级。

（3）强调危险的存在。

（4）明确说明怎样避免事故。

进行车上检修作业时务必认真对待、谨慎处理各种警告信息。

2. 警告等级

车辆检修维护时采用的警告等级有三级，即危险、警告、小心。不同警告等级对应不同的风险后果，见表 4-2。

表 4-2　　安全作业警告等级

警告等级	人员伤害后果	设备损坏后果	风险举例
DANGER（危险）	丧失生命或发生人员严重伤害	产品大范围损坏	网侧电压、爆炸或火灾风险、有毒气体风险、严重挤压、撞击等
WARNING（警告）	导致人员严重伤害（如残疾、终身创伤）	产品严重损坏	高台跌落、严重挤压或烧伤等造成的腿部残疾、严重骨折、皮肤、眼睛或耳朵等永久性损伤
CAUTION（小心）	较轻的人员伤害（非终身创伤，如骨折、皮肤受伤等）	产品轻微损坏	高处跌落、挤压或烧伤等造成的经过一段时间能痊愈的表皮、眼睛及听觉损伤、组织扭伤、轻微骨折等

3. 常见警告符号类型

危险和警告等符号类型是标准化的，外观及含义见表 4-3。

表 4-3　　警告符号类型

序号	外形	含　义
1		危险——适用于电力危险
2		危险——用于设备可能被静电放电损坏时
3		警告——腐蚀性化学物
4		警告——爆炸危险
5		危险——有毒化学物（毒药）
6		危险——火灾危险

续表

序号	外形	含　义
7		危险—— 一般警告符号，用于其他危险，如挤压、碰撞等
8		通告——用于指示说明需要保护性设备或专用处理形式时
9		禁止——禁止执行某些维护操作

4. 电压范围警告等级（表 4-4）

表 4-4　　　　电压范围警告等级

警告等级	危险源	电　压　范　围
DANGER（危险）	电压	＞250V
WARNING（警告）	电压	75～250V AC 接地
		115～250V AC 相间
		120～250V DC
CAUTION（小心）	电压	50～75V AC 接地
		50～115V AC 相间
		50～120V DC
无警告	电压	0～50V

三、任务实施

进行车辆检修作业时，必须在车辆处于静止状态下进行，作业人员在未能确认列车是否完全停稳的状态下不得进行相关作业，切记不遵守安全说明可导致严重人身伤害或财产损失。

（一）车顶作业

只有经有关单位培训、考试合格，取得相应专业操作证并且被授命的人员，才允许登顶作业。检修人员登顶作业前，在车顶的任何一项检修任务，都必须切断接触网电源、接地，并采取保护措施防止接触网意外通电。

检修车间必须配备具备上岗资格的接触网供断电操作员和监护员，负责接触网供断电的办理和确认、接触网断电接地线设置与撤除。供断电作业必须由操作员、监护员共同进行，作业过程中必须按规定穿戴防护用品，并做好呼唤应答，现场作业人员必须办理申请和签认手续。

登顶作业时，作业人员需按规定办理手续并填写记录。为防止事故发生，需要穿橡胶底的鞋并使用安全绳/带，并在防滑带上行走，防止坠落。在起重机或以其他方式起吊和运输车顶的受电弓或空调时，不得有人在设备下方。

只有在接触网没电的区域才允许进行车顶作业，在接触网带电区域，严禁登顶作业。为保护车顶不受划伤和其他损坏，建议布置适当的脚手架以方便工具的存放和设备的装卸等。

（二）车底作业

地铁列车下主要包括机械和电气两大类设备，电气设备基本配置如下：车下电子箱、车下辅助设备箱、牵引 PH 箱、制动电阻、车下设备箱、应急通风逆变器、辅助滤波电抗器、充电机、辅助设备箱、蓄电池箱、牵引电机等。机械设备基本配置如下：转向架、车钩缓冲装置、空气制动、风源模块、贯通道等。车下作业前必须从电气安全及机械安全两方面做好防护措施。

进行电气设备检修时必须采取地铁车辆防溜和人员防触电措施，只有在电网没电的区域才允许进行车底工作，对车底逆变器等电气设备进行维护作业时，需断开高压，符合放电规定时间后，方可进行作业，作业时禁止升弓。在对 PH 箱进行任何维护工作之前，必须保证 PH 箱里的列车隔离开关与接地开关打到“OFF”位，确保中间直流 DC 回路的电容有足够长的时间放电，要求电压等级在 5min 内低于 50V。检查 MCM 部分时，由于静电会损伤电子元件，因此检修电子元件时必须对自身身体进行放电，戴防静电手腕；处理 ESD-敏感元件前，在良好接地点对地释放静电，避免直接接触插针及电缆管道，断开连接器之前，关闭电源。

维护蓄电池时采用的是警告符号：警示蓄电池内有爆炸性气体；警告有腐蚀性酸存在；警示蓄电池电压 110V DC。为防止事故发生，需要取下手上及胳膊上的金属饰物，包括戒指、手表、手镯，并使用隔热工具对蓄电池进行检查，检查时禁止在蓄电池附近使用火柴、打火机或其他明火。蓄电池充电时必须确保良好的通风条件，若不小心蓄电池溶液与人体接触，应立即用大量清水冲洗，如果与眼睛接触，用水至少冲洗 15min，并立即找医院处理。确认无电压残留，再用电压表测量。

只有合格人员经授权后可对电机进行作业，要求正确使用工具、吊装和装卸设备、使用防护装备（如安全靴、护目镜等）。维护电机时可能存在危险电压 1500 / 1000V DC（线电压）、危险电压 1170V DC（MCM 至电机电压），造成严重人身伤害或死亡，因此对电机作业前必须断开高压电源并安全接地。对车辆上的电机进行作业时，车辆必须放置在接触网无电压的区域、确保未连接外部 1500V DC 车间电源、将高压箱选择器开关置于“空挡”位置，用锁锁住手柄。在车间内进行电阻测量和单独电机试运行时，测试必须由合格人员在受限制区域内执行，测量装置的连接和断开应在死链接内执行。

全自动车钩为带电部件，需要时应切断电源，防止电路外恢复供电。车钩连挂时，如果车钩斜对着连挂或不在连挂范围内，车钩将弹回并转出，可能引发人员伤害，故车钩连挂时，至少保持一米的安全距离。对车钩初步清洁时，务必盖住电动车钩头，不要用高压热水来清洗电动车钩头，保持接触区域干燥且不透水、防止短路。

车底作业时为防止溜逸在轮轨之间设置防溜器，需建立专门管理制度，明确防溜器设置范围、设置方式及标准，并建立专项台账记录。

压缩机、牵引电机、制动摩擦副、MCM 线路电抗器和 MCM 散热片在列车停止运行后，可能温度很高，因此作业时，需注意这些设备表面的警告信号：热表面。作业中注意防止碰伤、砸伤、夹伤和电机、风机等设备运转引起的伤害。与转向架分离的车体被提升或吊离轨道时，应确保其牢固地放置在存放支撑台架上，方可进行车底作业。使用洗涤溶剂时可能产生有害蒸汽、小心健康受损。请勿在镀锌和镀铬表面使用碱性清洁剂、表面会受损。

对供风及制动系统、受电弓、自动车钩、空气弹簧等供风、用风设备进行维修作业时，需采取关断风源、排风卸压等安全措施。

（三）车内作业

车内电气设备主要包括客室LED灯带、列车广播和乘客信息显示系统设备、安防系统设备、车门指示灯、空调等电气设备的连接器、火灾报警系统设备、一位端设备柜、一位端空调柜、二位端设备柜和二位端空调柜。其中列车广播和乘客信息显示系统设备具体分为扬声器、紧急对讲、动态地图；安防系统设备具体又分为网络摄像机、LCD显示器；车门指示灯具体又分为外部车门未关好指示灯、车内开门指示灯、车内门切除指示灯。这些电气设备与司机室内电气设备及车下电气设备共同完成车辆的牵引、制动、开关门、空调、照明、广播、紧急对讲、客室监视及列车自动控制、车辆通讯、车辆与地面通信等功能。

对乘客信息系统进行清洁保养时，必须用柔和的布料擦拭设备，不要使用全体有腐蚀性的清洁剂量。对电气柜及线槽进行维护时，必须切断电源、禁止供电、供气，将隔离开关打到接地位、蓄电池所有隔离开关均置于隔离位，安装设备时做好电器元件的防护工作，不当的碰触或跌落可造成控制备受电气元件的损坏。车内通电试验前，需确认车下设备检修作业完毕。

进行车门开关试验时，必须先广播通知作业人员，防止人员坠落。车门带电操作时，注意110V直流电。在机械驱动单元区域涂抹润滑油期间，注意防夹，驱动机构很重，在松开紧固螺栓前确保有合适的支撑、拆卸门扇需两人，防止机械伤害。

地铁车辆检修作业现场涉及信号、乘务、供电、保洁、厂家售后等多个部门及专业，检修作业人员结构复杂。各部门或各专业首先应对本单位作业人员的人身、劳动安全负责，同时与车辆检修库内车辆检修作业统筹协调，明确各自的安全责任范围、作业范围及注意事项。为实现各部门、各专业的协同配合，现场作业、操作规程和作业指导书中都应有相应的安全警示信息，标明危险源，说明可能产生的后果及避免伤害的方法。作业现场必须配备“供电”、“断电”等安全标志牌，在关键设备处设置“严禁合闸”、“高压危险”、“严禁动车”、“作业中”等警示标记，交叉作业或列车进出检修库时，可使用鸣笛或广播提示功能，防止人身伤害。

任务二 电气作业安全

一、任务描述

根据《生产过程危险和有害因素分类与代码》（GB/T 13861—2009），危险源大致分为物理性危险源、化学性危险源、生物性危险源、心理或生理性危险源、行为性危险源及其他危险源六类。电危害、电磁危害均属于物理性危险源。

电能具有易输送、易控制、易存储、易利用等特点，已广泛应用于人类生活的各个领域，包括轨道交通车辆。由于电是一种看不见摸不着的东西，所以检修人员在工作场所开展检修作业时，容易忽略用电的安全及电的潜在危害。如果对电可能产生的危害认识不足，缺乏安全用电知识，则检修人员从事电气作业时，极可能因电气设备操作不当、控制和防护措施不到位、安全管理不到位等原因引发人身伤害，甚至危及性命。

确保检修人员电气作业的安全，要分别从建立安全防护意识、了解电气安全基本知识、熟知各种电气作业安全规定、掌握安全用电防护技术等方面入手进行培训、组织考试。检修人员只有在熟知安全用电知识，安全用电的情况下，才能利用好电能，避免电流对检修人员的危害。

二、相关知识

（一）电的特点

电具有“看不见、听不到、摸不得”的特点。在额定工况下带电导体不会产生机械位移、颜色变化、形状改变等变化，用眼睛无法判断导体带电与否，包括电流大小、电压高低。导体在通过额定负载电流时不会发出声响，虽然某些用电设备在运转中会发出有规律的声音（如大型变电站），但这不能成为判断是否有电的手段，绝大多数设备是没有电流声的。电流对人体具有极大伤害力，人体或动物躯体若直接触碰到带电体就有可能引发电击伤害事故。

由于电的以上特点，判断导体是否带电不能靠人的感官或感觉，而必须要借助验电器、万用表等电工专用工具进行检测才能确定。

（二）电引起的伤害

由于电的抽象特性，人们在利用电能时，常因种种意外原因而发生危险，而电能的利用无处不在，如果缺乏安全用电知识，不注意或不懂得安全防护，违章作业、违章用电，就不仅不能利用好电能，还有可能因此引发人员触电伤亡、火灾、设备损坏等电气灾害，给国家和社会造成重大的损失。

电伤人主要是指电流流过人体时对人体产生的生理和病理性伤害。电流、电压与电阻之间满足欧姆定律，即 $I=U/R$。人体电阻主要是皮肤电阻，皮肤上角质层的电阻很大，干燥情况下有几千欧的电阻，甚至高达 100kΩ。当表皮受损暴露出真皮或在潮湿情况下，人体电阻只有 500～1000Ω 左右。因此当受害者在某一瞬间同时接触两个带电相、一根相线和零线或一条相线和接地线时，电流则通过人体构成闭合回路。

电流流过人体可能引起的伤害取决于：电流的大小和频率，通过人体的路径及通过人体时间的长短。电压越高，电流越大，对人体伤害也越大。几毫安的小电流都有可能导致肌肉痉挛，致使工作人员的手可能粘在带电物体上无法拿开，除非断开电流。如果电流在两手之间通过心脏，可能导致心脏肌纤维震颤，扰乱心脏节奏，使大脑缺氧，引发严重后果。通常电压超过 36V 或电流超过 30mA 则可引起人员的严重损伤、甚至失去生命。具体伤害见表 4-5。

表 4-5　电对人体的伤害特征

电流（mA）	作用特征	
	50～60Hz 交流	直　流
0.6～1.5	开始有感觉，手轻微颤抖	无感觉
2～3	手指强烈颤抖	无感觉
5～7	手部痉挛	感觉痒和热
8～10	手已难以摆脱电极，但最终能摆脱，手指尖到手腕剧痛	热感觉增强

续表

电流（mA）	作用特征	
	50～60Hz 交流	直流
20～25	手迅速麻痹，不能摆脱电极，剧痛，呼吸困难	热感觉大大增强，手部肌肉不强烈收缩
50～80	呼吸麻痹，心房开始震颤	强烈的热感觉，手部肌肉收缩、痉挛、呼吸困难
90～100	呼吸麻痹，延续 3s 就会造成麻痹	呼吸麻痹
300 以上	作用 0.1s 以上时，呼吸和心脏麻痹，机体组织遭到电流的热破坏	—

上述数据不是直接从实验中获得，而是从触电事故的统计资料分析所得。

三、任务实施

（一）静电的危害

1. 静电的产生

静电是宏观上暂时停留在某处的电。任何两个不同材质的物体接触后再分离，都可能产生静电。当两个不同的物体相互接触时就会使得一个物体失去一些电荷、电子转移到另一个物体使其带正电，而另一个物体得到一些剩余电子的物体而带负电。若在分离的过程中电荷难以中和，电荷就会积累使物体带静电。所以物体与其他物体接触后分离就会带静电，最常见的产生静电方式是“接触分离”起电。

2. 静电的危害

静电的产生在地铁车辆上是不可避免的，其造成的危害主要可归结为以下两种机理：

第一：静电放电（ESD）造成的危害：

（1）引起电子设备的故障或误动作，造成电磁干扰。

（2）击穿集成电路和精密的电子元件或促使元件老化，烧坏电路板。

（3）高压静电放电造成电击，危及人身安全。

第二，静电引力（ESA）造成的危害：

（1）吸附灰尘，造成集成电路和半导体元件的污染。

（2）吸附灰尘，使防松标记或其他工作表面沾染灰尘，影响检修人员的判断。

3. 防静电措施

（1）工艺控制法。在检修工艺流程、设备结构、材料及操作管理等方面采取适当措施，限制静电的产生或控制静电的积累，对已经存在的静电积聚迅速消除掉，即时释放，使之无法达到危险的程度。

（2）泄漏与接地。对可能产生或已经产生静电的部位进行接地，采用埋地线的方法建立“独立”地线，使地线与大地之间的电阻<10Ω，提供静电释放通道，以保证安全生产。

（3）非导体带静电的消除。对于绝缘体上的静电，由于电荷不能在绝缘体上流动，因此不能用泄漏与接地的方法消除静电。可采用以下措施：

1）使用离子风机：离子风机产生正、负离子，可以中和静电源的静电。

2）使用静电消除剂：加抗静电添加剂或静电消除剂，静电消除剂属于表面活性剂，用静电消除剂擦洗仪器和物体表面，能迅速消除物体表面的静电。

3）采用静电中和器：利用静电中和器产生的电子和离子与物料上的静电电荷中和，从而消除静电的危险。

4）控制环境湿度：采用空气增湿，增加湿度可提高非导体材料的表面电导率，使物体表面不易积聚静电。

5）采用静电屏蔽：对易产生静电的设备可采用屏蔽罩，再将屏蔽罩有效接地。

(4) 使用防静电材料。金属是导体，因导体的漏放电流大，会损坏器件。另外，由于绝缘材料容易产生摩擦起电，因此不能采用金属和绝缘材料作为防静电材料。而是采用表面电阻 $1\times10^5\Omega\cdot$cm 以下的静电导体，以及表面电阻 $1\times10^5\times10^8\Omega\cdot$cm 的静电亚导体作为防静电材料。

（二）电磁辐射的危害

1. 电磁辐射的产生

电磁场是相互依存的电场和磁场的总称，任何一种交流电路都会向周围的空间辐射电磁能量，形成电力与磁力作用的空间，在此空间区域内电场随时间变化引起磁场，磁场随时间变化又产生电场，二者互为因果，形成电磁场。电磁场能量以电磁波的形式向外发射的过程称为电磁辐射。

电动客车的电磁辐射主要来源于以下几方面：

在运行时，车内大功率电器设备、电动机可能会成为产生电磁辐射干扰的原因，但电动客车所用牵引电动机产生的磁场都是闭合磁场，没有向外发射电磁波的能力，主要是因漏磁造成的电磁辐射。而且这些大功率电器、电机被金属外壳包裹，可大部分屏蔽电磁辐射。地铁车辆采用国外直交传动牵引系统，该系统的 VVVF 逆变器采用 IGBT 模块作为开关元件，控制三相异步牵引电动机，电磁辐射小。

地铁接触网供电电压为 1500VDC，理论上直流电是不会产生辐射的。但受电弓与接触网的接触电阻随时都在变化，可引起起伏电磁噪声；当受电弓轻微跳动离线时也可产生电磁脉动，理论上形成微弱的电磁波；大跳动甚至会产生拉弧放电，从而引发较强的电磁辐射。若采用隧道形式，列车运行形成的电磁辐射，会通过隧道的屏蔽特殊处理，因此基本没有辐射波穿越地面。

地铁车辆上的无线通信设备系统的电台及集群基站，辐射等效功率满足《电磁环境控制限值》(GB 8702—2014)，属于电磁辐射体可以免于管理的设备。

2. 电磁辐射的危害

电磁辐射对人体的危害主要表现在热效应和非热效应两大方面，可使人体表现为头晕、失眠、疲乏无力、记忆力衰退、食欲减退等症状。地铁列车上的电磁辐射“理论上说很小，可以忽略不计”，且人体具有一定耐受度，明显的不适感只是出现在少数较敏感个体上。

国际卫生组织推荐的标准是工频电场强度不超过 5000V/m，磁场强度不超过 100mT。而我们国家采用的标准比国际通用的标准还要严格，工频电场强度是 4000V/m，磁场强度还是 100mT。

3. 防电磁辐射措施

为减少高频设备产生的电磁辐射的危害，可采用屏蔽技术，将电磁辐射的作用和影响限制在指定的空间之内。一般采用铜、铝等金属材料提供屏蔽体以隔离磁场和屏蔽电场，或运用接地技术将屏蔽体（或屏蔽部件）内因感应生成的射频电流迅速导入大地，使屏蔽体（或屏蔽部件）本身不致成为射频的二次辐射源，也可减小电磁辐射的危害。当长时间工作在高频电磁辐射区内的人员，需采取防护措施，如用金属丝布、金属膜布和金属网等制作防护眼镜、防护服和防护头盔等，以保护作业人员的身体健康。

为减少微波源形成的电磁辐射或泄漏，可使用板状、片状和网状的金属制成的屏蔽壁来反射散射的微波，可较大衰减微波辐射。

生活和工作在地铁站、高铁站、火车站、高压线、送变电站附近的人员也要注意电磁辐射污染，注意人体与辐射源之间应保持一定的安全距离，离辐射源越远，受侵害越小。

（三）电气化作业安全

1. 一般安全要求

从事电气化作业前，作业人员应充分休息，确保作业时精神高度集中，严禁酒后作业，坚决避免在精神状态不良的情况下作业。

带电作业时必须严格执行作业指导书及操作规程，车辆电气操作人员必须持有效电工证。实习人员和临时参加劳动的人员应经过安全知识教育后，方可参加指定的作业，但不得单独作业。

作业负责人应对参与作业的每个人进行技术及安全交底，参与作业的每个人都应该熟知作业的安全要点及作业要领，并做好相关记录。

车辆检修人员在从事电气作业时，必须采取安全的组织措施，穿戴好玻璃钢安全帽、荧光衣、长袖工作服、手套、绝缘鞋、使用绝缘工具，使用相应电压等级的绝缘工具，如绝缘操作杆、绝缘手套、绝缘绳索等。严禁擅自触动非本人操作的设备、开关、阀门及各种按钮。

电气设备设施检修维护必须遵守停电、验电、装设接地线及悬挂标识牌等安全措施，一人作业一人监护。

2. 检修车间电气作业安全

为确保从事车辆检修工作人员的安全、防止触电或电击伤害，检修作业库内对车上电气设备进行维护作业时，务必使车辆处于“无电压”区或相应设备处于无电压状态，断开相应的断路器、闭锁开关，设置保护性接地连接、短路、放电回路，并使用绝缘工具进行操作。

比如，配备专职隔离开关操作员和相应满足生产需要的监护员，专职负责接触网供断电的办理和确认、接触网断电接地线的设置和撤除；要求隔离开关操作员在作业过程中必须按规定穿戴防护用品；对车下高速断路器、VVVF 等设备进行检查维修工作时，禁止升弓；对带有电容器的设备进行作业时，必须确认电容器已完全放电（牵引箱直流环节电容器至少需放电 20min，使电压从 1800V 降到 60V 以下的安全电压值，检查并确保直流环节上无电压）；人工冲洗作业时须在接触网断电的情况下进行，清洗作业不得危及人身安全；临修库作业时，作业人员需确认移动接触网、隔离开关状态，临修库内设备不得侵限。高压设备检修维护必须严格执行工作票、操作票制度。PH、PA 箱检修维护作业完毕送电前，必须检查 PH、PA 箱内各项技术状态及柜内是否有遗留物，确认无误后，方可恢复供电。

3. 线上运营电气作业安全

在运行区间进行电气故障处理时，维修人员应与司机加强联络，做好呼唤应答，停车处理时应配合司机做好安全防护，在接触网带电区域严禁登顶，第三轨带电时严禁下轨面作业。

运行区间电气作业安全要点如下：

1）遵规定；

2）请、销点。

3）需停电（接触网及维修设备均要停电，并验电、接地及挂牌）。

4）防护全。

5）防摔伤。

6）通信畅。

7）记清场（清理工具及材料、检查有无侵界、清点人数统一撤出）。

任务三 机械作业安全

一、任务描述

机械作业中存在的噪声危害、灼伤、运动物危害、高处坠落等也大多属于物理性危险源。城市轨道交通车辆上许多机械设备及相应的检修设备具有质量大、加工精密、价格昂贵等特点，为确保车辆检修工从事机械部分检修作业时工作人员和机械设备的双重安全，必须采取适当的安全防护措施，以避免因机械作业不当所带来的安全伤害。

在城市轨道交通车辆检修时，通常采用断开和释放动力源及能量、制定安全措施方案、明确工作内容、穿戴安全工作服等安全措施来进行机械安全防护。

二、相关知识

（一）机械能量风险分类

城市轨道交通车辆的机械设备在工作状态及非工作状态都可能发生危险。工作状态中的机械设备可能因运动导致动能风险、产生危害后果，例如零部件的相对运动，机械运转的噪声、振动等，使机械在正常工作状态下存在碰撞、发热、环境恶化等对人员安全不利的危险因素。非工作状态包括故障状态、检修保养状态和静止状态，非工作状态一般都是在停机状态下进行，但车辆检修作业的特殊性往往需要检修人员采取一些非常规的做法，例如，登顶（高）、进入地沟狭窄的空间、检修箱体内几乎密闭的空间、将高压设备接地、进入正常操作不允许进入的危险区域等，仍然容易出现各种机械风险。

在车辆检修领域，机械能量风险主要有以下类型。

1. 车辆伤害

车辆伤害指城市轨道交通车辆在库内调车等驾驶作业时引起的人体坠落和物体倒塌、飞落、挤压造成的伤亡事故。

2. 机械伤害

机械伤害指车辆设备、工具、压缩弹簧直接与人体接触引起的挤压、碰撞、冲击、剪切、卷入、缠绕、甩出、切割、切断、刺扎等伤害。

3. 起重伤害

起重伤害指检修车辆时各种起吊作业过程中发生的挤压、坠落、物体（吊具、吊重物）打击等。

4. 灼伤

灼伤指因牵引电机、压缩机、制动电阻等高温物体烫伤，或高温润滑油等引起的体内外灼伤。

5. 压力

压力指高压液体或气体非正常排出时造成的伤害。

6. 高处坠落

高处坠落指登顶进行受电弓、空调等高处作业中发生坠落造成的伤害事故，不包括触电坠落事故。

（二）机械事故分类

城市轨道交通车辆上因机械能量造成的人身事故主要有割伤、擦伤、坠落、跌倒、冲撞、挤压、卷（绞）人、烫伤等。因机械能量造成的设备事故包含损伤、擦伤、变形、腐蚀、疲劳、断裂、剥离等。

造成人身事故及设备事故的原因主要有三个：设计缺陷、制造缺陷及使用缺陷。车辆检修工应该尽量避免“使用缺陷”带来的事故隐患，比如尽量不让设备超负荷运行，在正确的检修环境下按规范的作业流程从事检修作业，避免误操作和错误操作，提高个人维修技能确保维修及装配质量，立体交叉作业时佩戴安全帽，设置防护和保险信号等。

三、任务实施

机械能量风险的大小取决于两方面：一是机械设备的结构、用途、使用方法；二是检修人员的知识、技能、工作态度、对危险的了解程度及所采取的避险措施。因此通过培训提高检修人员辨识机械风险、正确判断什么是安全危险和什么时候会发生危险是十分重要的。

（一）压缩空气的危害

压缩空气主要来源于供风系统和用风设备，包括供风系统、制动控制系统、基础制动装置、空气弹簧、自动车钩、升弓系统、防滑控制系统、箱体供风、轮缘润滑等。为避免因使用或拆除供风、用风设备时压缩空气造成管路爆裂等危险，所有高压管路及连接必须安装牢固，以承受预定的内、外载荷。

压缩空气的危害不仅可能由这些系统组成部件、附件及模块造成，也可能由车辆使用或维护人员由于使用系统而带来，比如联挂全自动车钩时，如果打开关闭阀，电子钩头可能向前跳动造成人身伤害，因此有人站在两个联挂的车钩之间时，决不允许打开关闭阀。为避免类似的安全风险，必须保证供风系统、制动系统、附件及其他用风系统均由经过培训的合格人员进行操作。

检修作业时必须停止供应压缩空气及整个用风设备的用风，保证排气口畅通无阻，即截断风源、充分卸压后方可作业，避免高压气体排出造成危险。

对制动系统及辅助装置进行安装、维护、大修及修理操作时，所有用户均应佩戴适当的保护装置及衣物，包括安全鞋、手套、防护镜，风缸排风时还要戴耳套以免听力损伤。

（二）重物提升的危害

对重型设备进行作业时，比如转向架构架、车钩、电机、空调、基础制动单元、空压机等，若未遵循安装规则，有可能导致严重伤害，甚至死亡。

在拆除及安装重型设备的过程中为避免载荷过重造成危险事故，必须遵守以下几点：

(1) 使用合适的起吊装置、支援及传动装置。

（2）确保附近有援助。

（3）确保组件起吊或降下时，吊运设备下方无人员或人员身体的任何部位。

（4）起吊重物时，要把物体捆绑牢固。

（三）移动车辆的危害

车辆在库内移动时为免造成人体坠落或物体倒塌、飞落、挤压等事故，在作业场所，人员、移动车辆都必须按规定路线行走；交叉作业时，需采取可靠的防护措施。

地铁车辆检修库需有进、出库专用通道，车辆出库前，要确认车辆具备移动条件；在车辆入库前，要对库内设备状态进行确认。地铁车辆出、入库前，必须通过广播提示库内检修人员在车辆处于移动过程中，严禁穿越对应股道，防止人身伤害。司机在地铁车组出、入检修库前必须进行联控，确认具备入库条件后，方可出、入检修库作业，并做好车辆出、入检修库记录。

维修或存放地铁车辆时，必须采取有效的防溜措施。车辆防溜器包括铁鞋、专用合金止轮器或木止轮器，各检修中心必须建立专门制度，明确防溜器的设置范围、设置方式及标准，并建立专项台账记录。严禁作业人员在未能确认车组是否完全停稳的状态下进行相关作业时，必须确保车辆在停稳的状态下方可进行作业。

地铁车辆途径转向架、轮对、电刷更换作业区域时，设备操作人员应提前回收设备到位，确保设备指示信号正常，司机需按地面检修人员指示动车，并严格按规定的限速值运行。

（四）弹簧力的危害

弹簧是承受轴向拉力或压力、利用弹性来工作的机械部件，在承载时能产生较大的弹性变形，把机械能或动能转化为形变能；当弹簧卸载时，因形变储存的能量将迅速释放出来，转化为机械能或动能。

地铁车辆机械部件中有弹簧装置的系统很多，从一系悬挂、基础制动单元、减振器、座椅、各种气阀到钩缓装置，内部结构均含有弹性部件。更换这些弹簧和其他弹性压缩件时，为避免弹簧在恢复原状过程中，释放出来的机械能或动能引发伤害、造成危险，必须使用专用工具进行拆装，在压力及适当的安全齿轮的帮助下进行加载或卸载。

（五）其他危害

其他机械能量风险需根据实际检修内容有针对性地制定风险规避措施。

1. 灼烫伤害

灼烫主要发生在牵引电机、压缩机汽缸及曲轴箱、制动电阻、基础制动装置闸片/制动盘，闸瓦或高温润滑油等高温物体处，进行任何作业前等候热组件冷却，方可对热组件进行作业。

比如牵引电机警告信号为：⚠分别对两方面进行警告，一是警示电机为热组件，温度可达 90℃，可能造成人员灼伤；二是进行高压电警告，危险电压为 1170VDC。

为避免灼烫事故发生，请遵循以下指示：

（1）使用防热工作手套。

（2）仅使用执行工作所需的工具。

（3）确保热组件冷却前无人触摸。

2. 高处坠落伤害

检修作业使用梯子时，严禁站立在梯子的最上方，梯子上、作业人员口袋内及身上不得有容易掉落的物品，在梯上作业时严禁抛接任何物品；高空作业时要使用专门的用具传递工具、零部件和材料等，不得抛掷传递。梯子必须横向携带，严禁直立挪位，竖梯时应双人配合，高空作业时必须系安全带、戴安全帽，以防高处坠落伤害。

3. 机械伤害

为防止挤压、碰撞、冲击等机械伤害，检修、施工时不得奔跑作业，避免因此被绊倒或被其他物件击伤。尤其区间运输物资时，注意避开道岔，保护钢轨、轨底电缆，并注意保护区间设施。

当在曲线轨道上联挂列车时或手动解钩时，车钩在弹簧张力状态下，车钩可能会突然向前、向外摆，因此要保持一定的安全距离或在曲线的内侧解钩。

车门操作前，应将门系统断电，为避免被挤压受伤，当门扇正在运动的时候不能对门零部件进行任何操作工作。

开始牵引电机的工作之前，应确保牵引电机所属的车辆和转向架均不能移动，确保牵引电机通过其底座稳固地放置在工作位置。牵引电机的部件在运行过程中旋转，电机的某些裸露部件带有危险电压，未经许可拆卸盖板、电机使用不当、操作不当或维护不当将导致严重人员受伤或材料损坏。

拆卸窗户过程中处理碎玻璃时应使用安全手套以免割伤员工。

检修城市轨道交通车辆的机械设备发生事故时，应本着先抢救受伤人员、保护事故现场，再对事故进行调查、分析的处理原则，检修部门应将调查处理结果进行备案或写出事故调查分析报告，报上级有关主管部门备案。

任务四 化学作业安全

一、任务描述

车辆检修作业中，检修工需要经常接触某些具有腐蚀性或有毒性的化学品，给检修作业带来潜在的化学性危险。相关部门要识别相关风险源，并进行风险控制。

二、相关知识

根据国家安全生产监督管理局《危险化学品重大危险源监督管理暂行规定》，具有易燃、易爆、有毒、有害等特性，会对人员、设施、环境造成伤害或损害的化学品称为危险化学品。

危险化学品使用单位应当对危险源的管理和操作岗位人员进行安全操作技能培训，使其了解危险源的危险特性，熟悉危险源安全管理规章制度和安全操作规程，掌握本岗位的安全操作技能和应急措施。

对存在吸入性有毒、有害气体的危险源，危险化学品单位应当配备便携式浓度检测设备、空气呼吸器、化学防护服、堵漏器材等应急器材和设备。

三、任务实施

轨道交通车辆检修作业过程中需使用化学品的检修项目主要有车体、车窗、电机、压缩机等。

1. 客室车窗

填充车窗密封缝隙时需使用密封混合剂，填充之后应立即小心地关上已打开包装的混合剂桶、罐或瓶。底漆中含有易燃溶剂，所以不可以吸烟，而且一定要远离火源或燃烧装置。

要避免皮肤和眼睛与混合剂和辅助材料接触，如与皮肤发生接触，要用水和肥皂清洗。若接触到眼睛，应用清水冲洗约 10 分钟并去医院检查。

2. 车体涂漆前表面预处理

对于一些单件和小件上的焊污点及其他杂质可通过机械手段清除，焊缝必须磨平光滑，使用有机溶剂去脂，必须采用供应商指定的金属酸洗液溶剂及温水清洗，用暖风吹干，禁用对金属造成严重腐蚀的酸洗液溶剂。

3. 电机

检修维护电机时其中有一条警告信号为：表示检修工将接触到对环境或健康有害的化学物质（例如：润滑脂、溶剂、粘合剂、清洁剂，润滑剂，或油漆等）。化学品的使用可能造成健康或安全危害，应联系溶剂、润滑剂和黏合剂的制造商，了解化学品的特性，并对员工进行安全指导、提醒员工注意这方面的安全事项。

制造商推荐的预防措施和程序如下：

（1）保持良好的通风条件，切勿吸入蒸汽。

（2）佩戴合适的防护眼镜。

（3）处理后彻底清洗双手。

4. 车钩

清洗车钩镀锌和镀铬表面时，不能使用碱性清洗液，使用洗涤溶剂时可能产生有害蒸汽，影响健康。涂润滑剂时请勿使用柴油或含苯的动力汽油，否则将阻碍润滑油膜的形成并导致腐蚀。

5. 轮对

装卸轮对时所用的液压油必须存放在适当的容器内，溢出的油必须立即清除。

车轮只能由经过专门培训的合格人员进行超声波探伤。防腐处理时，只能用中性或弱碱性（pH 为 7～9）清洁剂清洗轮对，随后用适量清水冲洗轮对。

6. 轴箱

建议在冲洗设备中，将洗涤化合物溶在水中，清洗大量轴承。若清洗少量轴承，则使用轻质汽油或石油，必须使用锥形或斜底清洗容器，以便能使污物沉淀。在已清洗的部件上涂抹油，防止腐蚀。

7. 车体

对车体清洗时，清洗液应满足 $7<pH<9$，不允许长时间浸泡车体，清洗后晾干，以免车体腐蚀。

8. 避雷器

每年或运行 1 000 000km 后需对硅护套进行清洁。若人工清洁避雷器，只使用清水或肥皂水，并只能使用软布或海绵。只有在咨询生产商后才能使用其他清洁剂，不能使用溶剂或研磨剂。

9. 牵引箱

可以使用真空吸尘器或高压清洁设备，清洁重载紧凑型逆变器的空气通道（通风区域）。

若使用高压清洁设备，应确保没有水渗入非通风区域，使用紧凑型逆变器挡板。例如用真空吸尘器清除灰尘或用压缩空气从空气出口吹洗。

总之从事化学性作业时，必须遵守以下几点：

（1）毒气及腐蚀性液体造成的危险，必须遵守制造商使用清洁剂的指导说明书。

（2）污水、油、液压用液体及清洁剂易造成污染环境，必须对有害的废物进行循环使用或处理。

（3）大气被粉尘、燃烧气体污染，应采用适当的分离装置及滤波系统，正确处理废弃物，不能用燃烧的方法。

（4）接地被金属、塑料或液体污染，必须遵守污染物处理规则，循环使用材料。

（5）应对有害气体、腐蚀性液体等可能引起人身伤害的危险源采取有效的防护措施。

（6）废油、油脂、防腐剂、油漆、黏合剂以及浸油清洁材料必须按照环保规定进行处理。

维修手册规定了部分不允许进行维修的部件或设备，比如接地电容、IGBT 电源、各种模块化接触器、线路电抗器、预充电电阻器、FSA 过滤器等，应当严格遵守，严禁违规。

复习思考题

1. 简述车辆检修维护时，不同警告等级对应哪些不同的风险后果。
2. 绘制常见的警告符号，并解释说明各符号所代表的意义。
3. 分别说明危险、警告、小心等级对应的电压范围。
4. 如何确保电气化作业安全？
5. 生产过程中一般存在哪些危险源？

附录　车辆检修作业任务单

专业班级		姓名	
作业时间		组别及学号	
作业名称			
小组作业任务			
本人负责的任务			
工器具			
材料及设备			

安全注意事项：

工艺流程：（不够可附页）

作业过程中存在的问题或相关建议：

指导教师评语：

日期：　　　年　　月　　日

参 考 文 献

[1] 朱士友．车辆检修工 [M]. 北京：中国劳动社会保障出版社，2009.

[2] 何宗华，汪松滋，何其光．城市轨道交通车辆运行与维修 [M]. 北京：中国建筑工业出版社，2007.

[3] 阳东，卢桂云．城市轨道交通车辆检修 [M]. 北京：机械工业出版社，2010.

[4] 蔡绍先．铁道车辆检修工艺及其管理 [M]. 北京：中国铁道出版社，2008.

[5] 耿幸福．城市轨道交通车辆检修 [M]. 北京：人民交通出版社，2012.

[6] 杨根山，朱兆华．电工作业安全技术 [M]. 北京：化学工业出版社，2013.

[7] 中国标准化研究院 GB/T 28001—2011. 职业健康安全管理体系　要求 [S]. 北京：中国标准出版社，2012.

[8] 人力资源和社会保障教材办公室，广州市地下铁道总公司．城市轨道交通概论 [M]. 北京：中国劳动社会保障出版社，2015.

[9]《国防科技工业无损检测人员资格鉴定与认证培训教材》编审委员会．无损检测综合知识 [M]. 北京：机械工业出版社，2005.

[10] 蔡珣．材料科学与工程基础 [M]. 上海：上海交通大学出版社，2010.

[11] 蔡海云，郑炎华．城市轨道交通车辆检修基础与设备 [M]. 成都：西南交通大学出版社，2016.

[12] 郭新，李春广，黄挺，等．地铁车辆检修模式探讨 [J]. 城市轨道交通研究，2015，18 (4)．

[13] 温清．关于地铁车辆检修制度 [J]. 城市轨道交通研究，2004，7 (4)：58-60.

[14] 刘亚宁．香港地铁检修模式在北京地铁 4 号线车辆基地设计中应用的可行性研究 [J]. 铁道标准设计，2006，(6)：97-99.

[15] 李启俊．南京地铁车辆维修修程分析和优化 [D]. 南京理工大学，2011.

[16] 中华人民共和国住房和城乡建设部．GB 50157—2013　地铁设计规范 [S]. 北京：中国建筑工业出版社，2014.

[17] 邓少强．浅谈地铁车辆维修体制 [J]. 城市轨道交通研究，2009，(4)：13.